中國學術思想 研究輯刊

二七編

林慶彰 主編

第 10 冊

內聖與外王
——荀子的人文化成之道（下）

夏春梅 著

花木蘭文化事業有限公司

國家圖書館出版品預行編目資料

內聖與外王——荀子的人文化成之道（下）／夏春梅 著 — 初
版 — 新北市：花木蘭文化事業有限公司，2018〔民 107〕
目 4+164 面；19×26 公分
（中國學術思想研究輯刊 二七編；第 10 冊）
ISBN 978-986-485-380-9（精裝）
1.（周）荀況 2.學術思想 3.先秦哲學
030.8   107001869

ISBN-978-986-485-380-9

中國學術思想研究輯刊
二七編　第 十 冊　　　　　ISBN：978-986-485-380-9

內聖與外王——荀子的人文化成之道（下）

作　　者	夏春梅
主　　編	林慶彰
總 編 輯	杜潔祥
副總編輯	楊嘉樂
編　　輯	許郁翎、王　筑　美術編輯　陳逸婷
出　　版	花木蘭文化事業有限公司
發 行 人	高小娟
聯絡地址	235 新北市中和區中安街七二號十三樓
	電話：02-2923-1455／傳眞：02-2923-1452
網　　址	http://www.huamulan.tw 信箱 hml810518@gmail.com
印　　刷	普羅文化出版廣告事業
封面設計	劉開工作室
初　　版	2018 年 3 月
全書字數	251643 字
定　　價	二七編 25 冊（精裝）新台幣 48,000 元

內聖與外王
——荀子的人文化成之道（下）

夏春梅　著

第四章 荀子的外王思想

　　人不能只是一個具有內聖工夫的知性主體，終究需要具體落實在人間世界，向前踐行。〔註1〕荀子所謂的外王結構，筆者擬由四個議題展現，第一個議題談戰國儒者自覺；第二個議題論禮，第三個議題論樂；第四個議題論天。荀子的思考層次綿密而豐富，可論者實夥矣，本文僅依第三章所見荀子原典較可靠的章節爲主，選取四個代表篇章即四個議題以見微知著。筆者選取〈儒效篇〉、〈禮論篇〉、〈樂論篇〉與〈天論篇〉爲討論範圍，其他如〈富國篇〉、〈彊國篇〉、〈議兵篇〉、〈王制篇〉諸篇亦是時代課題，至爲重要，然因論文篇幅所限，將列爲輔助參考。

第一節　由〈儒效〉諸篇看荀子論儒

　　荀子是位名學家，《荀子》全書多半以主題名篇，他是先秦第一位以「儒」爲標題的儒者，論儒的主要觀點見於〈儒效〉諸篇。荀子訪秦面臨秦昭王的質問，讓他反省身爲儒者的角色，事後由弟子執筆爲文撰成〈儒效篇〉。文中論儒回歸修身，透過循序漸進的虛壹而靜、與不已積學，荀子論儒專注談內聖工夫，而內聖可通外王，由道德性、政治性，進而展現超越性。

〔註1〕人間世界也就是學界所廣泛討論荀子有關「群」的概念，個人內聖部分已見前章，但是這許多個別的人如何組成團體、組織，進而能永續生活，便是本章所要討論的內容。盧永鳳在《社群主義視野下的荀子政治哲學研究》一書，由社群主義來探討，是近年來一個值得觀察的新角度。（山東大學中國哲學研究所博士論文，2011）

壹、荀子論儒的歷史背景

　　荀子為何論儒？荀子入秦之前在齊國三為祭酒，飽見處士橫議與俗儒之容，反省儒者角色當在早年即有醞釀，然信而有徵、正式形諸文字，訪秦是立論的具體緣起。

　　按照時序排列，〈彊國篇〉是訪秦前奏，〈儒效篇〉面見秦昭王才是荀子訪秦重點。孟子見梁惠王，梁惠王敬稱孟子為「叟」，瞭解這位長者是不遠千里而來，對於這位長者是否有利於齊尚持保留態度，是以客氣提問：「亦將有以利吾國乎？」。〔註2〕同樣周遊列國，至荀子時局已變，秦昭王質問荀子：「儒無益於人之國？」我們當憶起秦昭王口出此語，背後挾有百萬秦兵為後盾。由〈儒效篇〉記載所見，荀子的態度從容堅定，將儒家思想在昭王面前娓娓道來：「儒者以先王為法，以禮義為隆」。秦昭王所問的利益是指儒者是否有外王事業，荀子在秦昭王面舉孔子為例，事後在〈儒效篇〉尚之以周公事蹟，「故人主用俗人，則萬乘之國亡；用俗儒，則萬乘之國存；用雅儒，則千乘之國安；用大儒，則百里之地，久而後三年，天下為一，諸侯為臣；用萬乘之國，則舉錯而定，一朝而伯。」〔註3〕敘述內聖工夫展現在外王世界的具體成效，其間前後理路有跡可尋。

> 仲尼將為司寇，沈猶氏不敢朝飲其羊，公慎氏出其妻，慎潰氏踰境而徙，魯之粥牛馬者不豫賈，必蚤正以待之也。居於闕黨，闕黨之弟子，罔不分，有親者取多，孝弟以化之也。儒在本朝則美政，在下位則美俗。儒之為人下如是矣。〔註4〕

荀子在此場合提及孔子為司寇，顯然希望借這一段事蹟說服秦王，不由嚴刑峻法，史上所見孔子脩正以待之、孝弟以化之一樣可以達到秦昭王所希望的治國實效。這段申論或許稍解秦王之惑，讓秦昭王願意繼續詢問荀子可否鉤勒儒者當朝的景象，荀子循序漸進答以儒者格局開闊、志意堅定，若當朝則禮節完備，官吏端守法則度量，對於百姓忠信愛利，天下應之若讙。重點在於國君使天下人自動來服是以義信乎人矣，而非動用外在的刑與法。

　　以上回答讓秦昭王有意願再探問然則儒者為人上則如何？

〔註2〕　〈梁惠王章句上〉，《孟子》（臺北市：藝文印書館，1985年），頁9。
〔註3〕　《荀子集解・考證》（臺北市：世界書局，2000年），頁122。
〔註4〕　《荀子集解・考證》（臺北市：世界書局，2000年），頁103～104。

王曰：「然則其爲人上何如？」孫卿曰：「其爲人上也，廣大矣！志
意定乎内，禮節脩乎朝，法則、度量正乎官，忠、信、愛、利形乎
下。行一不義，殺一無罪，而得天下，不爲也。此君義信乎人矣，
通於四海，則天下應之如讙。是何也？則貴名白而天下治也。故近
者歌謳而樂之，遠者竭蹶而趨之。四海之內若一家，通達之屬，莫
不從服，夫是之謂人師。《詩》曰：『自西自東，自南自北，無思不
服。』此之謂也。夫其爲人下也如彼，其爲人上也如此，何謂其無
益於人之國也！」昭王曰：「善！」〔註5〕

「其爲人上也，廣大矣。」此段言廣大可至四海之內若一家、通達之屬莫不
從服，然此廣大境界是始於內在道德的「志意定乎內」而終至可以爲人師。
荀子最後總結：「夫其爲人下也如彼，其爲人上也如此，何謂其無益於人之國
也。」按史實看來，秦昭王對於荀子的先王禮義之論僅止於社交性的聆聽。
但原典除了記錄這段歷史性的對話之外，〈儒效篇〉前後文對於儒者有相當豐
富的反省。文章開宗明義第一段即詳談大儒之效，以周公事跡爲佐證。在訪
秦之後提出先王禮義以爲圭臬，並反覆申說修養工夫與何謂大儒、小儒、雅
儒與俗儒種種境界。此行顯然讓荀子師生有所領會，讓他們重新檢視在當代
要如何扣緊儒者的本質，才能不失弘揚儒學正確的發展方向，也讓弟子繼老
師之後秉筆爲書。

貳、學界論〈儒效篇〉──以余英時先生爲例

　　對於荀子論儒的歷史現場有一基本瞭解，我們接著便可以繼續探討：荀
子師生與秦昭王交鋒或說與時代交鋒之後，如何重新敘述儒者？本章主題爲
荀子論儒，故需先確認荀子所說的儒究竟所指爲何？對於此一課題，當代余
英時較有討論，此處先援引余英時在《中國知識階層史論》〈古代知識階層的
興起與發展〉一文。余英時由社會演進的脈絡來談知識階層，再慢慢進入討
論儒者。知識階層一辭最初源於俄國的 "intelligentsia"。Michael Confino 在研
究俄國知識階層時曾列舉此一階層有五項特徵：一、深切的關懷一切有關公
共利益之事；二、對於國家及一切公益之事，知識份子都視之爲他們個人的
責任；三、傾向於把政治、社會問題視爲道德問題；四、有一種義務感，要

<hr>

〔註 5〕　《荀子集解‧考證》（臺北市：世界書局，2000 年），頁 104～105。

不顧一切代價追求終極的邏輯結論；五、深知事物不合理，努力加以改正。
余英時以為在以天下國家為己任的中國傳統知識份子的身上，皆可見到這五
項特徵的清楚痕跡。〔註6〕

　　他在全文論知識份子時，援引一個可以上溯韋伯、派森思有關「哲學突
破」的社會學理論，來照見希臘、以色列、印度與中國四大文明的發展。余
英時主張各大文明的哲學突破與古代知識階層的興起關係密切。因為突破的
結果是派森思所謂的文化事務家（specialist in culture matters）在社會上形成了
一個顯著的集團，他們可以說是知識份子的最初型態，韋伯曾鄭重地指出亞
洲幾個主要大宗教的教義都是知識份子創造出來的。〔註7〕余英時顯然想借社
會學理論彰顯知識份子的優越性，此說為荀子論儒提供一個饒富意義的討論
背景。

　　所謂「哲學的突破」即對構成人類處境之宇宙的本質發生了一種理

〔註6〕　余英時：《中國知識階層史論》（臺北市：聯經出版事業公司，1980年），頁1
　　　　～3。

〔註7〕　余英時：《中國知識階層史論》（臺北市：聯經出版事業公司，1980年），頁
　　　　35。王師金凌在〈荀子與子思〉一文中也提及荀子與社會學。參見《徐文珊
　　　　教授百歲冥誕紀念論文集》（臺北市：文史哲出版社，1999年），頁231。荀
　　　　子所討論的議題與社會學可互相生發之處甚多，例如有關社會的定義、社會
　　　　的起源與發展、社會中生物的心理的與地理的社會的因素、社會中的個人、
　　　　經濟與教育制度、娛樂、社會過程、社會變遷、社會問題等。但是除了互相
　　　　生發之外，是否也有相異之處？社會學不談修身養性，但荀子談勸學是希望
　　　　成聖成賢，而不是社會控制。社會學討論群體的概念會深入談其間的衝突與
　　　　同化等等互動關係，而荀子是從人際和諧相處談群體。社會學不談天地宇宙，
　　　　但討論荀子不能忽略〈天論〉中所涉及的天人關係。小心此中份際，便能恰
　　　　當詮釋。文中所引派森思為重要的社會學家，在社會學中以結構功能學派見
　　　　長。所謂的功能是指特殊的制度或社會結構（例如階級）在一社會內所產生
　　　　的功用。參見柯尼格（Samuel Koenig）著，朱岑樓譯：《社會學》（臺北市：
　　　　協志工業叢書，1986），頁8～9。此處談知識階層亦見對此一階層功能之闡述，
　　　　與原典〈儒效篇〉論題相當。
　　　　另外，約翰‧羅爾斯（John Rawls）談一個組織良好的社會概念，與荀子思想
　　　　亦可互相參酌。羅爾斯在第八章談到正義感時，提及一個組織良好的社會是
　　　　持久的，它的正義觀念就可能穩定，穩定性是各種道德觀念一種值得嚮往的
　　　　特點，當一個社會體系達到一種沒有外力推動就能無限的精力時間的狀態，
　　　　就是處於平衡穩定之中，此一體系有三向特點：一、要確定出體系，區分出
　　　　內部與外部的力量；二、要確定體系的各種狀態，此種狀態是其主要特點的
　　　　一定結構；第三，要指出和這些狀態相聯繫的那些法則。〈第八章正義感〉《正
　　　　義論》（臺北市：結構群文化事業有限公司，1990年），頁449。

性的認識，而這種認識所達到的層次之高，則是從來都未曾有的。

與這種認識隨之而俱來的是對人類處境的本身及其基本意義有了新的解釋。〔註8〕

此處所談的哲學突破帶來了人類理性認識的開始，有見於此，筆者以爲余英時所引之說與荀子豐富的理性色彩可以互相生發，幸不淪爲削足適履。

余英時在《歷史與思想》一書中對〈儒效篇〉的主旨有一番剖析：

荀子生當戰國末年，知識份子在各國政治上已頗炙手可熱。故荀子關心的已不是如何爲知識份子爭取政治地位，而是怎樣爲知識份子的政治功能作有力的辯護。這便是他的〈儒效篇〉的中心意義。在〈儒效篇〉中，荀子主要在解答秦昭王向他提出來的一個問題，即「儒無益於人之國？」

秦昭王的「益」所指爲何？余英時由知識份子的政治功能來看「益」字，荀子後文也舉出許多史例來證明儒者對國家最爲有益。

荀子把儒者分爲俗儒、雅儒、大儒三類，而尤其值得重視的是他的劃分標準乃在學問知識的深淺。他特別強調知識是政治的基礎。他說：「不聞不若聞之，聞之不若見之，見之不若知之，知之不若行之。……故聞之而不見，雖博必謬；見之而不知，雖識必妄；知之而不行，雖敦必困。」又說：「聞見之所未至，則知不能類也。」知識必須到了能推類、分類的階段才是系統的知識。……而荀子的「大儒」，其特徵之一便是「知通統類」。照荀子的意思，唯有這樣「知通統類」的「大儒」，纔能負最高的行政責任。所以他說：「大儒者，天子三公也。」儒家主智的政治觀至荀子而發展到最高峰。……荀子在這裏已不祇是爲儒家說話了，他是在主張一種普遍性的士人政治〔註9〕。

然各個屬性之間並非判然二分，余英時就儒者之道把政治性與知識性之儒的關係做一個綜合的敘述，知識是政治的基礎，以爲荀子之儒已由儒家之儒擴展成普遍的士人之儒，由特稱而有了普遍的共通意義，余英時不只在《荀子》看見〈儒效篇〉，荀子論儒在余英時的系統中變成主智政治的典範。

〔註8〕　余英時：《中國知識階層史論》（臺北市：聯經出版事業有限公司，1980 年），頁 32。

〔註9〕　余英時：〈反智論與中國政治傳統〉，《歷史與思想》（臺北市：聯經出版事業有限公司，1984 年），頁 6。

荀子談儒可從外在社會學的知識階層的角度看，如前文余英時所示範，但余英時也提到：

> 而荀子不能不對士作進一步的劃分。王先謙曾正確的指出，荀子之書分爲士、君子、聖人爲三等，〈修身〉〈非相〉〈儒效〉〈哀公〉諸篇都足爲證，……荀子所謂「君子」決非一般的知識份子，而是特指有學問、有修養的儒士。〔註10〕

他也瞭解儒者內在需具備學問與道德兼具，以下我們便在社會學理論之後，根據〈修身篇〉以下諸篇看荀子論儒的層層內在省視。

參、儒者修身的根據——先王之道，禮義是也

荀子師生與秦昭王對話之後，如何在戰國重新敘述儒者？訪秦歸來次段即回顧儒者所遵循的先王之道。我們以文本爲線索可以得知，荀子所謂的先王之道所指爲人間禮義之道，人間禮義之道的義蘊豐富，其中以共理之禮最爲根本，這共理之禮不是靜態的，而是動態的逐步調適過程。如此重新詮釋的先王之道，讓儒者在當時之世，一方面有了修身行事的準則，一方面爲先王之道開拓斟酌損益的可能性。

> 先王之道，人之隆也，比中而行之。曷謂中？曰：禮義是也。道者，
> 非天之道，非地之道，人之所以道也，君子之所道也。〔註11〕

此道非天、地之道，而是人間之道、君子之道以及禮義之道，此語爲儒者踐行提供究竟指南。

人間的禮義之道內涵爲何？首先談禮。陳大齊在《孔子學說》一書，列舉所謂的「禮」有「理」、「體」、「履」三項解釋，歷來爲學者所樂於引述，荀子論禮多承繼自孔子的精神，是以陳大齊之解釋運用於荀子的研究仍然適用。〔註12〕陳飛龍在《孔孟荀禮學研究》中指出：「有關禮字之含義，最初爲『行禮之器』、『履也』、『所以事神致福』、『禮儀』、『示敬』諸義。稍後，又有自『效用』方面觀之，『禮』並有表現『威儀』、分辨『下貴賤』、維繫『天地之序』、遵循『生活規範』、節制『國家法度』，以及與『用』相對之『體』，

〔註10〕 〈中國知識階層的興起與發展〉，《中國知識階層史論》（臺北市：聯經出版事業公司，1980 年），頁 46～47。

〔註11〕 《荀子集解・考證》（臺北市：世界書局，2000 年），頁 105。

〔註12〕 陳大齊：《孔子學說》（臺北市：正中書局，1964 年），頁 148。

『從宜』、『別宜』之宜，『回報』之『報』諸解。」〔註13〕則是繼陳大齊之後豐富的衍伸。次而論義。義者宜也，人間禮文必須與義合用，沒有合宜合理之義作為根據，將有流於繁文縟節之嫌，如此便不能與真實的生命相應，由此亦可見斟酌損益之重要。〔註14〕

　　在以上對於禮義的諸項解釋當中，禮之理為其中之鑰。李哲賢在解釋此段原文時與〈解蔽篇〉的大清明之心一起談，可作為禮之理的注腳。對於禮定義為共理，筆者贊同這是一項很基本的觀察面向：

> 認知心之主要認知對象為客觀事物中之共理，故荀子於禮義亦能識其共理，而共理之提供有待於統類。且唯有將禮義加以統類之建構，始足以提供客觀之禮義以穩固的基石，成為恆常不變之存在，而具有普遍、不易之效用。蓋禮文雖是一客觀之存在，然非永恆不變者，唯有禮義中之共理，始能不隨外在環境之變遷而改變也。〔註15〕

李哲賢所說的共理之禮，換句話說即是學界慣稱的「禮義之統」，在根本上具有被認知的特色，是為荀子道德修養的基礎。為何是荀子道德修養的基礎？因為在荀子的想法中，認知與踐行之間的關係有如先擦亮眼目，辨明四方，才能確認行走方向無誤。

　　然此「禮義之統」具有被認知特色的共理，並非靜態，而是動態的平衡和諧。文中在次段將君子比較農人、賈人、工人、惠施與鄧析，君子沒有百工的專業技術，也沒有惠施、鄧析的辯說技巧，他的專業是：「若夫謫德而定次，量能而授官，使賢不肖皆得其位，能不能皆得其官，萬物得其宜，事變得其應，……言必當理，事必當務，是然後君子之所長也。」此句所言之「得」、「當」與前文的「中」，皆表達在分別、區分的過程中，一種兼陳萬物而中懸衡的斟酌損益態度。然而不管是得、當、中或者斟酌損益、通權達變，皆有工夫傾向或指人事之間的調和，運用成語容易造成語義滑脫，筆者舉動態的平衡和諧即希望略有區別，彰顯荀子所面對的是整體人文新秩序的調理。此語最早見於余英時，〔註16〕不敢掠美，謹此志之。

───────────────

〔註13〕陳飛龍：《孔孟荀理學之研究》（臺北市：文史哲出版社，2009年），頁21。
〔註14〕王邦雄等著：《中國哲學史》（臺北市：里仁書局，2005年），頁57。
〔註15〕李哲賢：《荀子之核心思想──「禮義之統」及其時代意義》（臺北市：文津出版社，2005年），頁44～45。
〔註16〕余英時：〈商業社會中士人精神的再造〉，台北：《聯合報》副刊，1999.9.12～13。「人不是上帝，不可能有全面的透視力。因此我們只希望不同領域，不同

這種中懸衡的損益態度在次段繼續發揮：

> 凡事行，有益於理者，立之；無益於理者，廢之。夫是之謂中事。
>
> 凡知說，有益於理者，爲之；無益於理者，舍之。夫是之謂中說。

〔註17〕

此處定義中事、中說的內容是「有益於理」，此理自是前段所言的禮義之理，取舍標準立定，便由此展開儒者的踐行。

肆、〈儒效篇〉以外的修養工夫

先王禮義之道爲荀子論儒的依歸，我們在前段了解禮義之道的內涵之後，接下來便要討論荀子論儒實踐層面的修養工夫。一般論荀常以爲孟子重內聖工夫，荀子重外王事業，但由原典看來，荀子有重重內聖工夫，並且主張內聖是外王的基礎。荀子談聖人的內涵涵蓋外王事業，但這外王事業之達成必須先誠於中，自然能形於外，「故君子務脩其內，而讓之於外；務積德於身，而處之以遵道。如是，則貴名起如日月，天下應之如雷霆。」道德修養先於外王政治。由荀子〈儒效〉諸篇出現化性起僞、勤勉奮學、解蔽以復清明與動態的平衡和諧等內聖之修養工夫，這些修養工夫來自於主體自覺：「上爲聖人，下爲士、君子，孰禁我哉？」這些立場與孔、孟並無二致。所以王天下無他，內聖而已。儒者爲何？論內聖之修身即論儒。羅光即注意到此點：「在他的書裡，開端的四篇：勸學、脩身、不苟、榮辱四篇，都講脩身之道。」〔註18〕

一、士與儒

如何達到先王之治、禮義之道，勢必要有一番修養工夫，談荀子的修養工夫之前，首先我們要釐清幾個名詞：士、君子與聖人偏向修養實踐過程中的次第，而儒者可以是士、君子與聖人這幾個次第的概括總稱，此時的儒與聖無甚大差別，所謂的大儒即是聖人；例如〈儒效篇〉第一段敘述周公事跡

觀點的知識分子，各就專業知識和公共關懷，提出不同的意見，維護不同甚至彼此衝突的價值。在不斷的爭辯中，逐漸取得價值的動態平衡。我們決不可再以「和諧」、「穩定」爲藉口，希望思想上能定於一尊。」余英時也在尋找人文的新秩序，只不過荀子所處是宗法社會，余英時身居民主社會。

〔註17〕 《荀子集解·考證》（臺北市：世界書局，2000年），頁107。

〔註18〕 羅光：《中國哲學思想史》（臺北市：先知出版社，1975年），頁528。

之後，曰：「非聖人莫之能為，夫是之謂大儒之效。」但儒者一詞，面對其他學派時，可以是與其他學派別異、具有自我認同功能的特稱。也就是儒者可以有總稱與特稱兩種定義。

余英時言春秋戰國時代為士階層表現其群體自覺之第一次，〔註19〕杜維明之佳作〈孟子：士（知識分子）的自覺〉〔註20〕與本題皆可互相生發，然筆者以為荀子〈儒效篇〉一篇其實不只談通稱的士，更是談與諸子有別異作用的特稱的儒者，本篇是戰國末年荀子在眾多學派之中，對儒者首次明確嘗試自我反省與角色定位的重要文獻。

如何實踐先王之道、展現禮義之中，需要一番反省修養。此一段落擬討論兩個部分，一是看荀門師生如何提昇主體的境界，由士而君子而聖人；另外則牽涉他們對儒者角色身分的認同，兩者之間互有關聯。

荀子專篇討論何謂儒者，但談儒者的身分認同與自我反省不從荀子始，孔孟已啓其端。

> 子謂子夏曰：「女為君子儒，無為小人儒。」〔註21〕

孔子在眾多弟子當中對子夏說儒，可見孔子已警覺雖然身為儒者亦有高下之別，故孔子期勉告誠子夏勿淪為「小人儒」，這可說是道德實踐位階的一例，只不過士、君子、聖人分為三，君子與小人是簡單的二分法。孔子論儒僅此一例，孟子論儒有以下兩則：

> 夷子曰：「儒者之道，古之人『若保赤子』，此言何謂也？之則以為
> 愛無差等，施由親始。」〔註22〕

這是屬於身分認同的流派之儒。由墨者口中說出儒者的立場，孟子則借之申論儒者之厚葬，且批評墨者薄葬與兼愛之是非。另一則為：

> 孟子曰：「逃墨必歸於楊，逃楊必歸於儒。歸，斯受之而已矣。今之
> 與楊、墨辯者，如追放豚，既入其苙，又從而招之。」〔註23〕

此段亦為面對其他學派有別異作用的儒者。提到彼時楊、墨與儒者等學界概

〔註19〕 余英時：〈漢、晉之際士之新自覺與新思潮〉，《新亞學報》第 4 卷第 1 期（1959
年 8 月），頁 35。

〔註20〕 杜維明：《儒學第三期發展的前景問題──大陸講學、問難和討論》（臺北市：
聯經出版事業公司，1989 年），頁 319〜323。

〔註21〕 〈雍也篇〉，《論語》（臺北市：藝文印書館，1985 年），頁 125。

〔註22〕 〈滕文公上〉，《孟子》（臺北市：藝文印書館，1985 年），頁 102。

〔註23〕 〈盡心下〉，《孟子》（臺北市：藝文印書館，1985 年），頁 259。

況，天下不歸楊則歸墨，一但入儒而不入揚墨，則應寬厚以待其來歸。兩位對「儒者」之名討論僅止於此，至荀子乃有專論。

二、參考篇章

　　文本爬梳原來費時，如果有功於抉發前賢義蘊，仍然值得亹勉從之。以下便針對原典，將可供討論的篇章做一整理。〈儒效篇〉可窺荀子師生對於儒者的見解，除〈儒效篇〉之外，荀子〈修身篇〉諸作亦可視爲荀子談自我提昇與角色認同的文字。全書關懷的主題相當豐富，學界目光常聚焦於邏輯、政治、經濟與文化的內容，這幾篇平平實實談修身的文字少有學人專論。修身有何重要？爲何要談修身？此語有如內聖有何重要？爲何要談內聖？由前文孔子之言可見，高明廣大的境界是始於內在的道德修爲，是故要自修身始。《荀子》在〈勸學篇〉之後爲〈修身篇〉，以「修身」兩字連用成一詞爲篇名最早見於《墨子》〔註24〕，《荀子》書中在〈修身篇〉之後，〈不苟篇〉、〈榮辱篇〉、〈非相篇〉等篇皆與修養有關。〈修身篇〉置於全書之前，若不隨之作擴大解釋，爲數四至五篇以反躬自省爲主的論述，亦值得重視。在他的思路中若不說是最重要層面，最少有某一個層面是回歸到主體本身。〔註25〕後世「修」字與「心」、與「性」、與「行」等字皆曾連用，荀子選取「身」字，這是一個認知主體確切可見、眞實可掌握的內省對象，我們無法改變世界，但可以改變自己。但也因爲有了這個立足點，他嘗試逐步改變世界。果眞可以改變世界？〈君道篇〉有言：「請問爲國？曰：聞修身，未嘗聞爲國也。君者，儀也；民者，景也，儀正而景正。君者，槃也；民者，水也，槃圓而水圓。君者，盂也，盂方而水方。君射，則臣決。……。故曰：聞修身，未嘗聞爲國也。……君者，民之原也；原清則流清，原濁則流濁。」荀子討論治國的重點並未聚焦於如何經綸天下而是談反躬自省，君是儀、民是影，君是盤、民是水，君是源、民是流，治國不過是修身的延續，至此透露一個重要訊息──內聖工夫可通外王事業，外王事業的基礎在內聖工夫。孟子曰：「人

〔註24〕　〈修身篇〉，清・孫詒讓：《墨子閒詁》（臺北市：華正書局，1987 年），頁 7。
〔註25〕　楊儒賓，〈第一章儒家身體觀的原型〉，《儒家身體觀》（臺北市：中研院文哲所，1996 年），頁 67～83。楊氏在文中提到：「《荀子》書中竟然有類似孟子踐形觀的旨義，此事誠然費解。」其實自其同者觀之，孟子與荀子義理相近之處甚多，荀子論「身」爲其內聖而外王的重要中介點。討論相同範疇的佳作尚有伍振勳，〈荀子的「身、禮一體」觀──從「自然的身體」到「禮義的身體」，《中國文哲研究集刊》第 19 期（2001 年 9 月），頁 317～344。

有恆言，皆曰：『天下國家。』天下之本在國，國之本在家，家之本在身。」
〔註26〕孟、荀於此處並無二致，兩者思路可互相輝映。

　　荀子〈修身篇〉以下諸篇大多談個人道德踐行層面，但內容需要一番治
理。其中有與〈勸學篇〉近似者，例：「夫驥一日而千里，駑馬十駕，則亦及
之矣。」、有與〈性惡篇〉近似者，例：「則君子注錯之當，而小人注錯之過
也。故孰察小人之知能，足以知其有餘，可以爲君子之所爲也。譬之越人安
越，楚人安楚，君子安雅。是非知能材性然也，是注錯習俗之節異也。」、與
〈解蔽篇〉近似者，例：君子愼六生、「偏傷之患」、與〈禮論篇〉近似者，
例：「人無禮則不生，事無禮則不成，國家無禮則不寧」、「然則從人之欲，則
埶不能容，物不能贍也。故先王案爲之制禮義以分之」，也有與《孟子》、《中
庸》難以分辨的文字，例：「君子養心莫善於誠」〔註27〕、「治氣養心之術」〔註
28〕，哪一個部分較能代表荀子以爲儒者在踐行層面的意見？若由荀子內省工
夫爲基準，眾多談論君子與小人的段落可視作化性起僞的修身歷程，另外勤
勉向學、解蔽以復清明、修養工夫過程中動態的平衡和諧皆屬討論範圍。

三、〈儒效篇〉當中的修養工夫

　　以下我們分兩部分進行，一爲〈儒效篇〉以內，一爲〈修身篇〉諸篇。〈儒
效篇〉論儒之時討論到內聖工夫的化性積僞並及勸勉向學，凡此相涉段落可
推爲錯簡，也可解釋成理上可以推出來的必然文字。

> 故人無師無法，而知則必爲盜，勇則必爲賊，云能則必爲亂，察則
> 必爲怪，辯則必爲誕；人有師有法，而知則速通，勇則速威，云能
> 則速成，察則速盡，辯則速論。故有師法者，人之大寶也；無師法
> 者，人之大殃也。〔註29〕

本段強調師法的重要性，師法有助於化性起僞與勉勉向學之工夫修養。人有
「知」、「勇」、「能」、「察」、「辯」諸德，若能尚之以師法，可免「盜」、「賊」、
「亂」、「怪」、「誕」諸蔽，而得「速通」、「速威」、「速成」、「速盡」與「速
論」之效。

〔註26〕　〈離婁上〉，《孟子》，（臺北市：藝文印書館，1985 年），頁 127。
〔註27〕　〈不苟篇〉，《荀子集解・考證》（臺北市：世界書局，2000 年），頁 38。
〔註28〕　〈脩身篇〉，《荀子集解・考證》（臺北市：世界書局，2000 年），頁 20～21。
〔註29〕　《荀子集解・考證》（臺北市：世界書局，2000 年），頁 123～124。

人無師法，則隆性矣；有師法，則隆積矣。而師法者，所得乎〔情〕積（王念孫曰：此及下文楊注所稱或說改情爲積者皆是也），非所受乎性，性不足以獨立而治（王念孫曰：……不足以獨立而治，上當更有一性字）。性也者，吾所不能爲也，然而可化也。積也者，非吾所有也，然而可爲也。注錯習俗，所以化性也；並一而不二，所以成積也。習俗移志，安久移質。並一而不二，則通於神明，參於天地矣。〔註30〕

何以師法有此功效？因有師法爲隆積，無師法爲隆性。此段強調師法，分析性僞並提及師法與性僞的關係，與〈性惡篇〉談化性與積僞、〈勸學篇〉談學習、〈樂論篇〉談化民成俗，不只理路上可互通，甚而可以補充說明，確實是荀學精神所在。即使是錯簡由內聖工夫也可推出其必然性。即使是弟子事後追記，談「性也者，吾所不能爲也，然而可化也。積也者，非吾所有也，然而可爲也。注錯習俗，所以化性也；並一而不二，所以成積也。」諸語皆極爲精到。「通於神明、參於天地」則是荀子的天地境界。

我欲賤而貴，愚而智，貧而富，可乎？曰：其唯學乎。彼學者，行之，曰士也；敦慕焉，君子也；知之，聖人也。上爲聖人，下爲士、君子，孰禁我哉！鄉也混然涂之人也，俄而並乎堯禹，豈不賤而貴矣哉！鄉也效門室之辨，混然曾不能決也，俄而原仁義，分是非，圓回天下於掌上而辯黑白，豈不愚而知矣哉！鄉也胥靡之人，俄而治天下之大器舉在此，豈不貧而富矣哉！〔註31〕

由賤而貴、由愚而智、由貧而富的關鍵在於「學」。「上爲聖人，下爲士、君子，孰禁我哉！」〈勸學篇〉言在文明教化與原始本能天平兩端，人的所在位置是動態的，由無知的市井百姓而得以與堯舜看齊，透過持之以恆的學習，可由賤而貴、由士而君子而聖人，最高境界得拾級而上。「孰禁我哉？」談到行動背後主體的自由意志，上承《論語》所談「我欲仁，斯仁至矣」〔註32〕由此可見荀子的修養自有其主體性，只是篇幅非常短，未如孟子擴而充之，是故於此處加以點明。

〔註30〕 《荀子集解‧考證》（臺北市：世界書局，2000 年），頁 124。
〔註31〕 《荀子集解‧考證》（臺北市：世界書局，2000 年），頁 108～109。
〔註32〕 〈述而篇〉，《論語》（臺北市：藝文印書館，1985 年），頁 64。

> 故積土而爲山，積水而爲海，旦暮積謂之歲，至高謂之天，至下謂
> 之地，宇中六指謂之極，涂之人百姓，積善而全盡，謂之聖人。彼
> 求之而後得，爲之而後成，積之而後高，盡之而後聖，故聖人也者，
> 人之所積也。人積耨耕而爲農夫，積斲削而爲工匠，積反貨而爲商
> 賈，積禮義而爲君子。〔註33〕

勸學之後繼以積學。荀子在〈性惡篇〉提到：一、聖人同於眾人者，性也。
那麼聖人自何處來？二、差別在於僞。荀子對聖人與眾人的定義很樸素：能
積僞者爲聖人，不能積僞者爲眾人。〈儒效篇〉言：「故積土而爲山，積水而
爲海」，〈勸學篇〉言：「積土成山，風雨興焉；積水成淵，蛟龍生焉；積善成
德，而神明自得，聖心備焉。」聖人之道無他，唯積而已矣，〈儒效篇〉之文
是〈勸學篇〉立論的延申。

> 故君子務脩其內，而讓之於外；務積德於身，而處之以遵道。如是，
> 則貴名起如日月，天下應之如雷霆。故曰：君子隱而顯，微而明，
> 辭讓而勝。詩曰：「鶴鳴于九皐，聲聞于天。」此之謂也。〔註34〕

勸學與積學之後，自有積學之效。儒者反求諸己，重積德而貴名起，誠於
中而形於外。貴名起如日月，天下應之如雷霆。在〈勸學篇〉也舉了相近
的例子：「昔者瓠巴鼓瑟，而流魚出聽；伯牙鼓琴，而六馬仰秣。」皆共同
表達「故聲無小而不聞，行無隱而不形。」點滴聚積人爲工夫可到達內在
超越境界。

那麼學習的終點爲何？

> 不聞不若聞之，聞之不若見之，見之不若知之，知之不若行之。學
> 至於行之而止矣。行之，明也；明之爲聖人。聖人也者，本仁義，
> 當是非，齊言行，不失豪釐，無它道焉，已乎行之矣。故聞之而不
> 見，雖博必謬；見之而不知，雖識必妄；知之而不行，雖敦必困。
> 不聞不見，則雖當，非仁也。其道百舉而百陷也。〔註35〕

學界好引此段「聞見之知」做爲荀子富實證精神的代表，實則重點在談爲「學
至於行而止矣」，「行之，明之爲聖人」，正可爲〈勸學篇〉或〈性惡篇〉的注
腳。性惡是起點，持之以恆的向學是漫漫長路，「行明爲聖人」是終點。

〔註33〕 《荀子集解‧考證》（臺北市：世界書局，2000年），頁124～125。
〔註34〕 《荀子集解‧考證》（臺北市：世界書局，2000年），頁110～111。
〔註35〕 《荀子集解‧考證》（臺北市：世界書局，2000年），頁122～123。

四、〈儒效篇〉以外的修養工夫

　　若由荀子內聖工夫爲基準，〈儒效篇〉以外有諸章大量談君子與小人的對比段落，可以當作荀子化性起僞的修身歷程，此類的段落多審慎反躬自省的珠璣之語，修身並非一蹴可幾。

　　　　見善，脩然必以自存也；見不善，愀然必以自省也。善在身，介然
　　　　必以自好也；不善在身，菑然必以自惡也。故非我而當者，吾師也；
　　　　是我而當者，吾友也；諂諛我者，吾賊也。故君子隆師而親友，以
　　　　致惡其賊。好善無厭，受諫而能誡，雖欲無進，得乎哉！〔註36〕

這是〈修身篇〉的第一段，可爲代表，以下文字多有雷同。荀子此處談君子與小人似是〈勸學篇〉的延申，「心如虎狼，行如禽獸」也是〈性惡篇〉的延申，君子與小人之別不是兩個對立的他者，不是兩個社會階層，亦不是以血緣爲主，居於宗法社會的靜態階層，而是認知主體本身願不願意修身實踐認知理性所展現方向不同的動態成果，放任性情或是致力人爲超越，皆繫於主體一身或說一心。

　　除了談性與僞、小人與君子，〈不苟篇〉尚有論及有實踐過程中動態的平衡和諧：

　　　　君子行不貴苟難，說不貴苟察，名不貴苟傳，唯其當之爲貴。故懷
　　　　負石而赴河，是行之難爲者也，而申徒狄能之，然而君子不貴者，
　　　　非禮義之中也。「山淵平」，「天地比」，「齊秦襲」，「入乎耳，出乎口」，
　　　　「鉤有須」，「卵有毛」，是說之難持者也，而惠施鄧析能之，然而君
　　　　子不貴者，非禮義之中也。〔註37〕

篇名「不苟」指「不過份」、「宜而已矣」，從荀子所舉的例子當中，可補充前言拾級而上的修身歷程並非單純靜態，最高境界是在過與不及兩端動態的不斷調整至平衡和諧，這動態的平衡和諧才是前文所言的先王之道、禮義之中的中字，才是荀子據以爲評判的標準，在此標準之下，雖然行之難如申徒狄並非最高境界，說之難的惠施與鄧析亦非最高境界。〈不苟篇〉最後一段田仲、史鰌爲何遭荀子非議，理由即在於此，這是荀子思想中極其細膩精微的設計，古者名之爲斟酌損益，筆者名之爲動態的平衡和諧，希望對此概念的內涵有所補充說明。以上爲荀子〈修身篇〉相關諸篇所見主體之反省，〈儒效篇〉有

〔註36〕《荀子集解‧考證》（臺北市：世界書局，2000年），頁17。
〔註37〕《荀子集解‧考證》（臺北市：世界書局，2000年），頁31～32。

言：「君子言有壇宇，行有防表」，論者或以為錯簡，實是沿續〈修身〉諸篇的基調。

在〈儒效〉一篇談工夫修養提到百里之地，百里之地在修養工夫中的意義為主體修養的對象，造父善御之於輿馬，有如羿者善射之於弓矢，亦如大儒之於百里之地：

> 造父者，天下之善御者也，無輿馬則無所見其能。羿者，天下之善射者也，無弓矢則無所見其巧。大儒者，善調一天下者也，無百里之地，則無所見其功。輿固馬選矣，而不能以至遠，一日而千里，則非造父也。弓調矢直矣，而不能射遠中微，則非羿也。用百里之地，而不能以調一天下，制彊暴，則非大儒也。〔註38〕

荀門師生解釋外王事業乃視之為主體修養的對象、成就主體的對象，有如御者之於輿馬，擅射者之於弓矢，如果御者無馬、射者無弓，那麼其御與射皆無意義，主體與客體相同重要。

> 相高下，視墝肥，序五種，君子不如農人；通貨財，相美惡，辯貴賤，君子不如賈人；設規矩，陳繩墨，便備用，君子不如工人；不卹是非然不然之情，以相薦撙，以相恥怍，君子不若惠施、鄧析。若夫謫德而定次，量能而授官，使賢不肖皆得其位，能不能皆得其官，萬物得其宜，事變得其應，愼墨不得進其談，惠施、鄧析不敢竄其察，言必當理，事必當務，是然後君子之所長也。〔註39〕

能反躬自省的儒者要具體落實在人間世，他有不如農人、工人、商人、惠施與鄧析之處，他無法十項全能，在宗法制度下儒者所長是萬物得其宜，事變得其應，恰當落點是國君的輔佐，從中可知是荀子的夫子自道，他希望成為施展治世理想的臣相，〈儒效篇〉數美周公是可以理解。

荀子以為儒者在宗法制度中的適宜角色，不是農工商而是人臣，與人君關係密切的人臣。

> 故明主謫德而序位，所以為不亂也；忠臣誠能然後敢受職，所以為不窮也。分不亂於上，能不窮於下，治辯之極也。詩曰：「平平左右，亦是率從。」是言上下之交不相亂也。〔註40〕

〔註38〕《荀子集解・考證》（臺北市：世界書局，2000年），頁118～119。
〔註39〕《荀子集解・考證》（臺北市：世界書局，2000年），頁106～107。
〔註40〕《荀子集解・考證》（臺北市：世界書局，2000年），頁112。

君主分、臣主能是宗法制度下君臣理想的合作關係。戰國儒者與國君接觸勢必會牽涉到儒者的自我介紹與定位，借此我們也可以瞭解荀子為何會重點申論君與臣之各有所職與互相合作〔註 41〕，其中其實不乏自我期許的成份，這也可以解釋原典為何多次屢談君臣。

伍、境界次第

此處所謂境界次第指的是修養上的昇進歷程。荀子見於〈正名篇〉系列的開展「性→情→欲→心→慮→知→能→偽」是個由原始本能至人文修養的基本原型，〈性惡篇〉借此原型由心理的講化性起偽，〈勸學篇〉由文明教育講勸勉積學，〈修身篇〉以下諸篇以君子、小人扣住順任性情與致力人為之兩端申論，然而在兩端之間荀子常設置更細膩的昇進歷程，前已言及動態的平衡和諧，形成他的學說特色。〔註 42〕

昇進歷程可借以敘述他親眼所見實然的經驗世界，也可以表達透過動態的平衡調理所達到的理想境界。更重要的是此間的流動若以人格鍛鍊而言，背後的義涵為：荀子雖然主性惡，但這惡是顯性表層之惡，內涵基本假設是人性美好，荀子語彙中的善必須透過實踐修為，見於舉手投足之間才算完成，是以原典暢談修身、勸學與禮樂教化，荀子果真單純只主張性惡，未及其餘，那麼文中談修身、勸學與禮樂教化的段落皆是不可理解。如果反向思考承認修身、勸學、禮樂教化是荀學中不可或缺的部分，那麼荀子人性中的美好是存在的。

透過這樣的兩層設計，荀子肯定人是可改變的，展現在儒者這個議題便是眾人可以變為儒者，荀子在〈儒效篇〉將儒者分為俗儒、雅儒與大儒。俗儒之服為「逢衣淺帶，解果其冠」，外表看似儒者衣冠，然其學止於略法先王而足亂世術，繆學雜舉，言談無異於墨子，不知法後王而一制度，不知隆禮義而殺詩書。雅儒已知法後王、一制度，隆禮義而殺詩書，言行已能合於禮

〔註41〕 本文不擬處理荀子的君臣觀以免枝蔓，但尤銳（Yuri Pines）所論值得參考，〈新舊的融合：荀子對春秋思想傳統的重新詮釋〉，《國立政治大學哲學學報》第11 期（2003 年 12 月），頁 162～178。唯筆者對於本段之結論，暫時持保留態度。另牟宗三於《名家與荀子》一書中探討荀子論君及其問題，亦值得參考，頁 229～244。

〔註42〕 胡正之：〈儒家聖人觀念在戰國之發展〉，《輔仁國文學報》第 22 期（2006 年7 月），頁 21～22。文中也注意到荀子特有的昇進歷程。

法；但是禮法沒有明文規定或是聞見所未及者，便無法觸類旁通。然知之爲知之，不知爲不知，內不自以誣，外不自以欺，亦能做到尊賢畏法而不敢怠傲。荀子心中的大儒是能夠「法先王，統禮義，一制度」，更重要的是：

> 以淺持博，以古持今，以一持萬；苟仁義之類也，雖在鳥獸之中，若別白黑；倚物怪變，所未嘗聞也，所未嘗見也，卒然起一方，則舉統類而應之，無所儗恤作；張法而度之，則晻然若合符節，是大儒者也。〔註43〕

戰國是一個前所未見的世局，荀子期望大儒者能法古聖先王，整理禮義之統，由已知推未知，也就是能知通統類，以應未嘗聞見之變。

荀子必知孟子所刻劃大丈夫昂然偉立的精神氣象，但荀子也必見當代儒者的現象。這種概念分明、步步提昇的境界型態，既解釋眼前不理想的現狀，也保留對儒中大丈夫最高人格的嚮往。荀子並非只針對孟子、儒者或者十二子，他審慎反躬自省，反省自己所屬的學派以及反省當代的學派，這三個層次是平行的，他是由內而外不分自他全面性的審視。

「略法先王而足亂世術，繆學雜舉，不知法後王而一制度，不知隆禮義而殺詩書」，此爲俗儒；「法後王，一制度，隆禮義而殺詩書」，此爲雅儒；「法先王，統禮義，一制度」，此爲大儒，先王與後王在俗儒、雅儒、大儒之間成爲判斷的標準。先王、後王之說在學界頗有一番討論，前文提及〈儒效篇〉是後學弟子的手筆，那麼我們是否需要在此多做文章？在整體的荀子論述之中，先王、後王的敘述該如何揣摩輕重才屬恰當？先王與後王之說在全書各篇時有所見，在本章則同時出現，並成爲判斷儒者等級的標準，俗儒是粗略的效法先王不知法後王、雅儒法後王、大儒法先王，在荀子的語脈中後王層級略次於先王。如果不論先王、後王確切所指何人，從〈儒效篇〉文字中可以看出荀子以爲粗略法先王是一等，法後王一制度是一等，所謂的法先王是指有理性思考、因應變亂世局，這是不違背荀子在昇進的歷程中論聖人的最高境界，若由此再逆推先王、後王何所指則可不拘於文字矣。

楊倞注在此處將「法先王」改爲「法後王」，若以韓非法後王爲定點來往前推測，荀子理應啓韓非法後王之端，然陳禮彰曾統計「後王」一詞在荀子原典出現十六次，「先王」一詞出現四十九次，顯然「先王」比「後王」更常被荀子提起，且荀子所論先王都是正面肯定的敘述。陳禮彰以爲先王、後王

〔註43〕《荀子集解‧考證》（臺北市：世界書局，2000 年），頁 121。

在荀子思想中可以兼容並蓄，二者雖有時間先後，但本質卻是一貫相通，一貫的原則即是禮義之統、是非之分。法先王是法禮義所根據的情理，即「玉帛」、「鐘鼓」的根源；法後王則是依據情理而制定的禮義，即「玉帛」、「鐘鼓」等文物制度，唯有兼法先王、後王，才能體常而盡變，是以楊倞之注不改可也。先王後王之詳細討論，可參考陳禮彰博士論文〔註44〕。

　　無論是本文所提及之「俗人→俗儒→雅儒→大儒」，「勁士→篤厚君子→聖人」或者〈不苟篇〉：「小人→愨士→直士→公士→通士」皆是概念分明，這些分明的概念用意不只於分類，更重要的是指出可拾級而上的昇華歷程，都是荀子立基於經驗世界，逐步邁向理想境界的途徑。凡此歷程的意義在於荀子正視經驗世界存在各式各樣的狀態，理想境界是可以達成，但邁向理想境界並非一蹴可幾、天然生成，需有持之以恆的拾級而上才能成就。

陸、具體的人格典範

　　前段所言的先王之道需要具體在人間世展現，尤其是人格典範——聖人。「居天下之廣居，立天下之正位，行天下之大道；得志與民由之，不得志獨行其道；富貴不能淫，貧賤不能移，威武不能屈；此之謂大丈夫。」〔註45〕孟子對於大丈夫的描述足以震聾發聵，頑廉懦立。在〈修身〉諸篇當中，荀子對於完美的人格典範也自有詮釋方式，荀子原典中連用十個別出心裁的形容詞來讚美聖人德象。

> 井井兮其有理也，嚴嚴兮其能敬己也，分分兮其有終始也，猒猒兮其能長久也，樂樂兮其執道不殆也，炤炤兮其用知之明也，脩脩兮其用統類之行也，綏綏兮其有文章也，熙熙兮其樂人之臧也，隱隱兮其恐人之不當也：如是，則可謂聖人矣。此其道出乎一。曷謂一？曰：執神而固。曷謂神？曰：盡善挾治之謂神，萬物莫足以傾之之謂固。神固之謂聖人。〔註46〕

　　儒者在人間世的具體展現除了可談德象，亦應論及具體的人物，荀子推崇的人格典範除了仲尼與子弓，很重要的代表尚有周公，周公事蹟於〈儒效〉

〔註44〕陳禮彰：〈第二章知通統類：思想基礎〉，《荀子人性論及其實踐研究》（臺北市：師範大學國文研究所博士論文，2009年），頁39～44。
〔註45〕〈滕文公下〉，《孟子》（臺北市：藝文印書館，1985年），頁108。
〔註46〕《荀子集解‧考證》（臺北市：世界書局，2000年），頁113～115。

篇是置於首段。周公為何可以是大儒之效的代表？周公事蹟具現荀子對於大儒的定義，周公事蹟也可回應秦昭王的質疑，如果荀子在秦昭王面前能舉出〈儒效篇〉首段文字，應更有說服力。

> 大儒之效：武王崩，成王幼，周公屏成王而及武王，以屬天下，惡天下之倍周也。履天子之籍，聽天下之斷，偃然如固有之，而天下不稱貪焉。殺管叔，虛殷國，而天下不稱戾焉。兼制天下，立七十一國，姬姓獨居五十三人，而天下不稱偏焉。教誨開導成王，使諭於道，而能揜跡於文武。周公歸周，反籍於成王，而天下不輟事周；然而周公北面而朝之。天子也者，不可以少當也，不可以假攝為也；能則天下歸之，不能則天下去之，是以周公屏成王而及武王，以屬天下，惡天下之離周也。成王冠，成人，周公歸周，反籍焉，明不滅主之義也。周公無天下矣；鄉有天下，今無天下，非擅也；成王鄉無天下，今有天下，非奪也；變執次序節然也。故以枝代主而非越也；以弟誅兄而非暴也；君臣易位而非不順也。因天下之和，遂文武之業，明主枝之義，抑亦變化矣，天下厭然猶一也。非聖人莫之能為。夫是之謂大儒之效。[註47]

荀子師生訪秦之時並未提及周公，而是歸來沉澱過後在文中以周公為先王之道、禮義之中的具體展現。然在先王系譜當中荀子為何獨鍾周公？周公為何是荀子論儒的典範？前言從儒者在宗法制度的君臣角色可窺消息。那麼荀子具體稱讚周公的什麼部份？在文中所談並非周公製禮作樂的文化勳蹟而是攝政歸周，在滅商之後艱辛的開國過程輔佐成王、鼎鼐天下，再還政於周。為何這些元素對荀子是重要的？進而形成最高典範的部分？荀子在經驗世界宗法結構之中所認同的地位或角色是人臣，是一位胸懷壯志、滿腹經綸的人臣，在仲尼子弓之外，上溯先王系譜既能施展治國長才又無僭越之嫌的周公，成了荀子心中的另一楷模，這是可以理解的。秦昭王不是泛泛質問何謂儒者？他所關心的是儒者的外王事業，荀門師生舉周公為證，適可緩解昭王之惑。「因天下之和，遂文武之業，明主枝之義，抑亦變化矣，天下厭然猶一也。非聖人莫之能為，夫是之謂大儒之效。」以本文用語習慣，士、君子與聖人是內聖修身工夫的層級次第，此處荀門弟子為聖人的內涵補上外王事業，而談聖人即是談儒者。

〔註47〕 《荀子集解・考證》（臺北市：世界書局，2000年），頁99～101。

客有道曰：「孔子曰：『周公其盛乎！身貴而愈恭，家富而愈儉，勝敵而愈戒。』應之曰：「是殆非周公之行，非孔子之言也。武王崩，成王幼，周公屏成王而及武王，履天子之籍，負扆而立，諸侯趨走堂下。當是時也，夫又誰爲恭矣哉！兼制天下立七十一國，姬姓獨居五十三人焉；周之子孫，苟不狂惑者，莫不爲天下之顯諸侯。孰謂周公儉哉！武王之誅紂也，行之日以兵忌，東面而迎太歲，至氾而汎，至懷而壞，至共頭而山隧。霍叔懼曰：『出三日而五災至，無乃不可乎？』周公曰：『刳比干而囚箕子，飛廉、惡來知政，夫又惡有不可焉！』遂選馬而進，朝食於戚，暮宿於百泉，旦厭於牧之野。鼓之而紂卒易鄉，遂乘殷人而誅紂。蓋殺者非周人，因殷人也。故無首虜之獲，無蹈難之賞。反而定三革，偃五兵，合天下，立聲樂，於是武象起而韶護廢矣。四海之內，莫不變心易慮以化順之。故外闔不閉，跨天下而無蘄。當是時也，夫又誰爲戒矣哉！」〔註48〕

周公是荀子心目中的楷模典範，是以荀子對於時論批評十分在乎，急於澄清周公之恭、之儉與戒。論恭與儉之處，可見荀子對於周公能履天子之籍，大刀闊斧定宇內於一心生嚮往。論周公之戒，則充份展現周公以正義之師衝破禁忌的理性精神，與荀子一以貫之的立場可以互相印證。

學界常以爲孟子重內聖，荀子重外王，但由前文可見荀子有重重內聖修養工夫。荀子重外王爲眾所公認，本文以爲荀子師生於本篇所談先王主要爲周公，內聖與外王的先後順序爲內聖即外王。

然內聖外王即是荀子的最高境？荀子尚有自成一格的超越境界，他以爲儒者或說人的最高境界是自覺在天地間自己是完整的存在。「並一而不二，則通於神明，參於天地矣。」人之完整是可以參與天地造化。〈勸學篇〉言：「德操然後能定，能定然後能應。能定能應，夫是之謂成人。天見其明，地見其光，君子貴其全也。」經過千錘百鍊之後，主體所散發的內在光明天地可鑑，是爲荀子反省與自覺所呈現內在超越的境界。黃俊傑曾道荀子是「最澈底」的人文主義者。〔註49〕雖然與孟子由主體性而社會性而超越性一以貫之的進路不同，荀子自鑄另一天地境界。荀子超越性的達成是循序漸進：始於人類的原始本能，基於大清明之心，透過化性起僞、不已積學，拾級而上得天見

〔註48〕《荀子集解·考證》（臺北市：世界書局，2000年），頁116～118。
〔註49〕《孟學思想史論》（臺北市：東大圖書，1991年），頁156。

其明、地見其光。此處有兩點要補充說明，荀子表面主性惡，但有潛在的人性美好假設，前文已提出，以〈勸學篇〉所引青與藍，冰與水，木與輪，金與利諸例，前者與後者是有相同的潛質，如果性質完全不同，則將有如煮沙不能成飯，鍛造不可能為功。只是荀子的善不能停留在潛能狀態，必須經過鍛鍊，至於踐行實現而止。由〈勸學篇〉〈修身篇〉〈禮論篇〉〈樂論篇〉諸篇在荀子原典之不可廢，或許能從另一個角度證成荀子人性內在潛藏美好的成分。另外雖然篇幅不多，但荀子也談主體自由：「孰禁我哉！」這點必須鄭重指出。

這樣的模式與孟子一以貫之的超越，有同有異。同於都在發揮究竟的超越性，不同於荀子有些許曲折，性惡的假設讓荀子的儒者隱藏先天超越的道德優位，他們與一般大眾都相同，都有天生的性情，只是他們願意由天生性情積學起人為。

有關儒家的超越性，西方學者如黑格爾並不認為儒家有超越性，郝大維（David L. Hall）與安樂哲（Roger T. Ames）亦有議論：「而嚴謹的超越取決於：一項獨立的原則 A 超越並決定一項依存的原則 B；反之則否。舉例來說，柏拉圖的基型（forms）是原則 A，而萬有現象是原則 B。萬有現象的存在暨其解釋必須依靠『基型』；但『基型』則是獨立而不改的，其存在與解釋完全毋需藉助於萬有現象。」〔註50〕然而這顯然是西方柏拉圖式的外在超越，以此來定義儒家的超越性，顯然無法呈現東方特有的思維方式，而荀子在此處所展現的超越是東方思維特有的內在超越，此一內在超越，是基於主體自由展現境界型態的超越，拾級而上、循序漸進的完全自我實現，不存在一項獨立的原則 A 超越並決定一項依存的原則 B。不過以上所見，恰好是境界型態的超越與實體型態的超越兩種型態的代表。

柒、小結

余英時之說由社會學的角度點出荀子論儒的知識側面。除了社會學的角度之外，因著秦昭王的質疑，荀門師生在〈儒效篇〉中也完整鉤勒儒者的修養根據、工夫、境界次第與人格典範，這是一套完整的工夫與境界。荀子工夫修養有「孰禁我哉」的主體性，但他並未如孟子大篇幅暢談主體自由，而

〔註50〕郝大維、安樂哲（David L. Hall & Roger T. Ames）：〈孔子思想中「義」概念涵義的再檢討〉，《史學評論》第 8 期（1984 年 7 月），頁 213。

是因應秦王之問想明確釐清自我定義與角色認同。其中的特殊之處在於，荀子的道德理據具有知識性，道德層面的內聖修養可證成政治層面的外王事業，但不停留在政治性，繼續展現內在超越性格，荀子自有內在超越境界，唯展現型態與孟子不同。面對時代的扣問，荀子論儒的四個面向開啓後世論儒的基本雛形，自此後代論儒不絕如縷，遠者如《禮記》、《鹽鐵論》、董仲舒，近者如熊十力、胡適與余英時。

　　杜維明用主體性（自我定義）、社會性（社會職責）和超越性（天地精神）來解讀孟子論士，由內而外，理路通透，一以貫之。荀子提到主體自由，但著墨不多；社會性著重禮樂教化；有關超越性，荀子自有天地精神，知識性爲荀子特有。荀子之論與孟子相近，最特殊的是以儒爲題。

第二節　由〈禮論〉諸篇看荀子論禮

　　第一節已經談過戰國儒者在人文世界的自覺或說角色認同，本節主要論禮，談荀子如何安排人間秩序。荀子原典各篇談禮之處甚多，其中有一重要部分在彰顯「共理之禮」，學界所論多集中在此。〔註51〕若此諸位前輩大約在三十年前從中文系開始將研究焦點從「性惡」轉移至荀子的禮學，此一脈小

〔註51〕陳福濱：〈荀子的禮論思想及其價值〉，《哲學與文化》第 35 卷第 10 期（2008年 10 月）。
　　　　潘小慧：〈禮義、禮情及禮文──荀子禮論哲學的特點〉，《哲學與文化》第 35卷第 10 期（2008 年 10 月）。
　　　　張勻翔：《攝王於禮、攝禮於德──荀子之智德及倫理社會建構之意涵》（輔仁大學哲學研究所博士論文，2007 年）。
　　　　陸建華：《荀子禮學研究》（合肥市：安徽大學，2004 年）。
　　　　袁信愛：〈荀子的生死觀及其禮義之學〉，《哲學年刊》第 10 期（1994 年 6 月）。
　　　　張亨：〈荀子禮法思想試論〉，《台大中文學報》第 2 期（1988 年）。
　　　　涂豔秋：《荀子禮學研究》，（輔仁大學中文研究所碩士論文，1980 年）。
　　　　陳飛龍：《荀子禮學之研究》（臺北市：文史哲出版社，1979 年）。
　　　　佐藤將之在撰寫有關荀子禮論的博論時自陳受台灣學者的影響很大：「總而言之，本書所要進行的研究，其出發點可以如上幾位台灣學者所發展出的觀點爲切入點：即禮概念使荀子整個思想體系中的各種主張，具備一貫的結構。因此，荀子思想體系中的禮概念，不僅是儀禮及社會規範的具體主張：更是在道德修養、政策指針，以及天人關係等討論中，居於最高價值的理念。」他在此出所指的台灣學者乃陳大齊、韋政通及龍宇純。佐藤將之：〈導論〉，《參於天地之治：荀子禮治政治思想的起源與構造》（臺北市：臺大出版中心，2016年。）

眾研究佳作相沿至今，其中敘述較縝密者爲李哲賢的著作。李哲賢在《荀子之核心思想——「禮義之統」及其時代意義》一書中將「共理之禮」作了透徹的發揮。〔註52〕然筆者以爲學界以「禮義」名荀子的核心思想尚可進一步審慎斟酌，「禮義」一詞遍布全書，顯然是個重要觀念，但筆者以爲荀子核心思想若說是「禮樂」或許更爲貼近。理由有三：第一，在第二章荀子的著作中提及〈禮論篇〉與〈樂論篇〉皆爲篇名，若無特殊狀況，顯然解釋時的層級應比遍布全書的關鍵辭「禮義」爲高；第二，若以「禮樂」合看，更符合荀子思想中動態的平衡調和此一重要特色；第三，由〈樂論篇〉數數稱先王的考證中得知，先王指的是製禮作樂的周公。職上之故，筆者特別將〈禮論篇〉與〈樂論篇〉合併討論。

壹、互相成全的人間秩序如何安排

荀子禮論包含一個基本問題：人間秩序如何安排？秩序安排的意義在於尋求個體與全體的完整存在互相成全。周公製禮作樂廣爲後人頌揚，這是遠古所見最妥善的文明秩序。後世如何談論？孔孟沒有大量談周公，在先王之中荀子最推崇周公。

一、周公製禮作樂

孔孟荀三家對於周公制禮作樂的論述爲何？

（一）孔子論周公制禮作樂

孔子對於周代文化十分推崇，在〈八佾篇〉中弟子如是記載：「周監於二代，郁郁乎文哉！吾從周。」〔註53〕周文因著夏商二代而斟酌損益，典章制度燦然明備過於前代，這是孔子所衷心嚮往的文明境界。《論語》中提到「周公」共有四則，與禮樂教化相關者爲〈述而篇〉弟子記載：「甚矣！吾衰也，久矣，吾不復夢見周公。」〔註54〕周公是周代禮樂文化的典範，孔子以「夢見」表示理想上的遙承與情感上的追憶。我們在論語中可以見到弟子們記載孔子對於舜樂的感性描述，〈述而篇〉曰：「子在齊聞韶，三月不知肉味。曰：

〔註52〕李哲賢：《荀子之核心思想——「禮義之統」及其時代意義》（臺北市：文津出版社，1994年）。

〔註53〕《論語》（臺北市：藝文印書館，1985年），頁28。

〔註54〕《論語》（臺北市：藝文印書館，1985年），頁60。

『不圖爲樂之至於斯也。』」〔註55〕〈八佾篇〉中另有一則：「子謂韶：『盡美矣，又盡善也。』謂武：『盡美矣，未盡善也。』」〔註56〕孔子對虞舜韶樂較爲讚賞，在齊國聆聽至三月不知肉味，他推崇燦爛明備的周代文化有情意層面的共鳴，情意的共鳴背後則以德性基礎。

《孟子》原典提及周公共有八則，分別見於〈公孫丑上・下〉、〈滕文公上・下〉、〈離婁下〉、〈萬章上〉、〈告子下〉各篇，自孟子開始組織先王系譜，並有生動的敘述，他推崇周公之道德事業，但未確切論及製禮作樂。

（二）荀子論周公製禮作樂

在分析荀子論周公製禮作樂之前，容我們從荀子論先王談起，荀子論先王要點有三：

1. 定義王者：孟子對先王有生動的敘述，至荀子原典統稱之爲先王，換成論說方式表達，例如〈正論篇〉曰：

> 古者天子千官，諸侯百官。以是千官也，令行於諸夏之國，謂之王。……湯武非取天下也，修其道，行其義，興天下之同利，除天下之同害，而天下歸之也，天下歸之之謂王。〔註57〕

興天下之同利，除天下之同害，而天下歸之，這是荀子對於「王者」的定義。另外在〈解蔽篇〉中提及：

> 故學也者，固學止之也。惡乎止之？曰：止諸至足。曷謂至足？曰：聖王。聖也者，盡倫者也；王也者，盡制者也；兩盡者，足以爲天下極矣。〔註58〕

盡倫盡制是荀子對於「聖王」的定義。

2. 承繼孟子談堯舜湯武：〈正論篇〉中爲堯舜湯武的禪讓與放伐多方解釋說明。〔註59〕

3. 在先王系譜中承繼孔孟推崇周公：以〈儒效篇〉而言，面對秦昭王質疑儒者，荀子將周公置於第一段。〔註60〕出現在〈禮論篇〉、〈樂論篇〉中的先王亦應指周公，此中原因可借墨子〈薄葬〉補充解說。在墨子〈薄葬〉一

〔註55〕《論語》（臺北市：藝文印書館，1985 年），頁 61。
〔註56〕《論語》（臺北市：藝文印書館，1985 年），頁 32。
〔註57〕《荀子集解》（臺北市：世界書局，2005 年），頁 299～300。
〔註58〕《荀子集解》（臺北市：世界書局，2005 年），頁 375。
〔註59〕《荀子集解》（臺北市：世界書局，2005 年），頁 306～311、298～302。
〔註60〕《荀子集解》（臺北市：世界書局，2005 年），頁 99～101。

篇回顧歷史的古先聖王，無論堯、舜、禹他們所行者皆爲薄葬。墨子將節葬的合法性上溯堯、舜、禹諸位先王，荀子並沒有接著在歷史事實中纏繞辯論，而是把三年之喪的合法性建立在天地宇宙循環的自然運行之理。荀子無取於墨子的堯舜禹諸王，從孔孟的先王系譜中可知在堯舜禹之外，他所取的是周公製禮作樂之道。〈樂論篇〉談先王之處有十一，可推出先王亦指周公。荀子其書談先王之處所在多有，堯舜禹湯文武成王皆有可能，然〈禮論篇〉、〈樂論篇〉兩篇所舉應爲製禮作樂之周公。

所以，周公製禮作樂主要是荀子所指出。

二、孔孟論禮

（一）由基源問題談起——關懷文明秩序

討論先前之禮，首先我們要注意論禮背後的意義在於思索互相成全的文明秩序該如何建立？孔子是站在天生本能與人爲文明之間來思考周文，〈八佾篇〉有言：「夷狄之有君，不如諸夏之亡也。」〔註61〕什麼是野蠻？什麼是文明？野蠻一定是野蠻？文明一定是文明嗎？〈八佾篇〉所引的這一段便不如此認爲，野蠻的夷狄尚且知道有君長，不像文明中土諸侯僭越犯上，目無君長。野蠻不一定眞野蠻，文明未嘗是文明，孔孟荀的關懷相同，都希望在文明與野蠻之間尋找建立人間新秩序的可能。

1. 春秋末年僭越現象四起

困擾孔子的人間文明秩序問題確切所指爲何？孔子所面臨的文明秩序問題是宗法制度下的僭越現象，多起僭越實例集中出現在〈八佾〉篇。

孔子謂季氏：「八佾舞於庭。是可忍也，孰不可忍也？」

八佾是周天子專用八八六十四人的舞樂，魯國大夫季孫氏明目張膽在宗廟之庭演出，孔子反對的不是音樂本身，而是演出者身份不當、居心可議，背後隱藏了對宗法制度的挑釁，故以爲是可忍孰不可忍。孔子批評三家雍徹的例證情況與此相同，也見於〈八佾篇〉：

三家者，以雍徹。子曰：「『相維辟公，天子穆穆。』奚取於三家之堂？」〔註62〕

〔註61〕　《論語》（臺北市：藝文印書館，1985年），頁26。
〔註62〕　《論語》（臺北市：藝文印書館，1985年），頁25。

魯國大夫孟孫、叔孫、季孫三家，在撤除祭品之時，也吟唱〈周頌〉中的雍詩，孔子懷疑三家有何面目可面對詩中所言「相維辟公，天子穆穆」，即助祭的都是諸侯，天子的儀容莊嚴肅穆這兩句話。

　　子曰：「禘，自既灌而往者，吾不欲觀之矣。」〔註63〕

〈八佾篇〉也提及禘祭是魯國每隔五年舉行一次的大祭，當祭祀行奠酒禮之後，與祭的人誠敬之情已散，孔子便不想再觀禮。〈八佾篇〉載：

　　季氏旅於泰山。子謂冉有曰：「女弗能救與？」對曰：「不能。」子
　　曰：「嗚呼！曾謂泰山，不如林放乎？」〔註64〕

季氏僭禮欲往泰山祭祀，魯國三家不知禮，孔子問冉有此行無法阻止？冉有表示無能為力。林放數度向孔子請教禮之本，孔子懷疑：難道泰山之神不如林放知禮，竟然願意接受非法祭祀？

　　子曰：「管仲之器小哉！」或曰：「管仲儉乎？」曰：「管氏有三歸，
　　官事不攝，焉得儉？「然則管仲知禮乎？」曰：「邦君樹塞門，管氏
　　亦樹塞門。邦君為兩君之好，有反坫，管氏亦有反坫。管氏而知禮，
　　孰不知禮？」〔註65〕

後世儒者對於管仲褒貶不一。以孔子而言，褒揚管仲九合天下、一匡諸侯，如其仁；但也視管仲擅自樹立如屏風的塞門，設置擺放酒杯的反坫，皆為僭越之行，孔子從這一點貶抑管仲。

　2. 孔孟針對禮的反省

　　面對眼前的各式僭越，關心建立文明新秩序，知禮的孔子開始思考禮是什麼？禮之形式與內容的關係該當如何？形式與內容兩相權衡，他寧取簡單的形式、真實的情感，而不要繁文褥節、虛情假意。

　　子入大廟，每事問。或曰：「孰謂鄹人之子知禮乎？入大廟，每事問。」
　　子聞之曰：「是禮也！」〔註66〕

他在魯國太廟所見的禮，是真正的禮嗎？

　　子曰：「夏禮吾能言之，杞不足徵也，殷禮吾能言之，宋不足徵也，
　　文獻不足故也。足，則吾能徵之矣。」〔註67〕

〔註63〕《論語》（臺北市：藝文印書館，1985 年），頁 27。
〔註64〕《論語》（臺北市：藝文印書館，1985 年），頁 26。
〔註65〕〈八佾篇〉，《論語》（臺北市：藝文印書館，1985 年），頁 30〜31。
〔註66〕〈八佾篇〉，《論語》（臺北市：藝文印書館，1985 年），頁 28。
〔註67〕〈八佾篇〉，《論語》（臺北市：藝文印書館，1985 年），頁 27。

孔子對各代之禮瞭若指掌，以爲夏禮、商禮若文獻充足則有跡可循、推理能得。

> 或問「禘」之說。子曰：「不知也。知其說者之於天下也，其如示諸斯乎？」指其掌。〔註68〕

有人向孔子請教「禘」禮，孔子不願多說，故託辭不知，但暗示若能知禘禮，治天下如指其掌。

> 哀公問社於宰我。宰我對曰：「夏后氏以松，殷人以柏，周人以栗。
> 曰：「使民戰栗。」子聞之，曰：「成事不說，遂事不諫，既往不咎。」
> 〔註69〕

孔子知禮，但弟子宰我不知，是以孔子責備弟子怎可輕忽以對。

孔子熟知三代禮文，卻要忍受眼前的現象，或有國中大臣厚顏僭越，或有弟子強不知以爲知，不由得反省在理論與實踐之間的落差，形式節文背後的內在精神爲何。

（1）質問禮是什麼？

孔子面對愈演愈烈的僭越現象，反省到底什麼是禮？

> 子曰：「禮云禮云，玉帛云乎哉？樂云樂云，鐘鼓云乎哉？」〔註70〕

玉帛這些禮品便是禮嗎？鐘鼓這些樂器便是禮嗎？

> 子曰：「人而不仁，如禮何？人而不仁，如樂何？」〔註71〕

孔子將內在仁德注入禮樂形式之中，〔註72〕〈八佾篇〉雖然談多起僭越，但也有許多有關禮之本的敘述。

> 孟子曰：「廣土眾民，君子欲之，所樂不存焉。中天下而立，定四海之民，君子樂之，所性不存焉。君子所性，雖大行不加焉，雖窮居不損焉，分定故也。君子所性，仁義禮智根於心。其生色也，睟然見於面，盎於背，施於四體，四體不言而喻。」〔註73〕

〔註68〕　〈八佾篇〉，《論語》（臺北市：藝文印書館，1985年），頁27～28。
〔註69〕　〈八佾篇〉，《論語》（臺北市：藝文印書館，1985年），頁30。
〔註70〕　〈陽貨篇〉，《論語》（臺北市：藝文印書館，1985年），頁156。
〔註71〕　〈八佾篇〉，《論語》（臺北市：藝文印書館，1985年），頁26。
〔註72〕　趙師中偉：〈「仁」的詮釋之轉化與延伸──以朱熹《論語集注》爲例〉，《輔仁國文學報》〔增刊〕（2006年1月），頁99～120。趙師中偉在文中對於「仁」有精闢的闡釋。
〔註73〕　〈盡心上〉，《孟子》（臺北市：藝文印書館，1985年），頁233。

孟子踵事增華也做內向根源的思考,在仁德之內,進一步將仁義禮智皆植根
於心。

(2)歸納《論語》、《孟子》而得禮的精神是讓、敬、哀、儉、戚、約、
樸

圍繞內在仁德與超越心性,在《論語》、《孟子》多方彰顯禮儀形式所需
具備各式的內在精神。

a. 讓

在宗法社會講「君君臣臣父父子子」各有本分,但若能做到不爭,人與
人之間的空間將更為寬廣。

> 子曰:「君子無所爭,必也射乎!揖讓而升,下而飲,其爭也君子。」
> 〔註74〕

射禮既是運動競技也是禮儀形式,孔子借射禮來談禮的精神為謙讓,即使在
競爭場合也要是君子之爭。

> 子曰:「能以禮讓為國乎,何有?不能以禮讓為國,如禮何?」
> 〔註75〕

本為爭強鬥勝的運動競技需要禮讓,孔子以為大到安邦定國也需要以禮相
讓。由〈公孫丑篇上〉可見孟子也以辭讓為禮的精神,並以辭讓與心性結合,
為四端之一。與孔子相同將內在精神與治國之道結合。

b. 敬與哀

> 祭如在,祭神如神在。子曰:「吾不與祭,如不祭。」〔註76〕

祭祀是禮之大者,雖然以感官經驗而言看不見受祀諸神,但孔子以一份審慎
心情敬其如在目前。

> 孟子曰:「愛人不親,反其仁;治人不治,反其智;禮人不答,反其
> 敬。行有不得者,皆反求諸己;其身正,而天下歸之。《詩》云:『永
> 言配命,自求多福。』」〔註77〕

以禮待人,卻得不到相對的回應,吾人應反求諸己,孟子此處也提到禮的精
神在恭敬。

〔註74〕 〈八佾篇〉,《論語》(臺北市:藝文印書館,1985年),頁26。
〔註75〕 〈里仁篇〉,《論語》(臺北市:藝文印書館,1985年),頁37。
〔註76〕 〈八佾篇〉,《論語》(臺北市:藝文印書館,1985年),頁28。
〔註77〕 〈離婁上〉,《孟子》(臺北市:藝文印書館,1985年),頁126。

子曰：「居上不寬，爲禮不敬，臨喪不哀，吾何以觀之哉？」〔註78〕

祭禮重在誠敬之心，喪禮的精神是哀憫之情。

子食於有喪者之側，未嘗飽也。子於是日哭，則不歌。〔註79〕

子見齊衰者，冕衣裳者，與瞽者，見之，雖少必作，過之必趨。
〔註80〕

子游曰：「喪致乎哀而止。」〔註81〕

飲食不敢求飽，歌詠不敢盡樂，見著喪服者必作必趨，孔子隨日常細節示範
自己的禮敬之心，指出喪禮貴在能盡哀。

c. 儉與戚

孔子知貴族之禮難免鋪張浪費，故曰：

奢則不遜，儉則固；與其不遜也，寧固。〔註82〕

奢侈會流於不謙遜，吝儉會流於固陋，兩權相害，寧取形式之儉，勿入形式
之奢。

林放問禮之本。子曰：「大哉問！禮，與其奢也，寧儉；喪，與其易
也，寧戚。」〔註83〕

林放善問禮之本，孔子答以禮寧可儉樸、喪寧可哀戚。儉、奢與易是就形式
節文而言，戚是天生性情的流露。在形式與內容兩相斟酌之下，孔子寧去繁
文褥節，取簡單的形式與眞實的情感。

子曰：「麻冕，禮也，今也純，儉，吾從眾。拜下，禮也，今拜乎上，
泰也。雖違眾，吾從下。」〔註84〕

孔子隨順人眾行著帽之禮，但不隨順大眾所遵守的見君之禮，孔子借著帽與
見君之禮談之本在儉與恭。

d. 約

禮的意義在於約束自己的言行舉止，也就是克己。

子曰：「君子博學於文，約之以禮，亦可以弗畔矣夫！」〔註85〕

〔註78〕 〈八佾篇〉，《論語》（臺北市：藝文印書館，1985年），頁32。
〔註79〕 〈述而篇〉，《論語》（臺北市：藝文印書館，1985年），頁61。
〔註80〕 〈子罕篇〉，《論語》（臺北市：藝文印書館，1985年），頁78～79。
〔註81〕 〈子張篇〉，《論語》（臺北市：藝文印書館，1985年），頁172。
〔註82〕 〈述而篇〉，《論語》（臺北市：藝文印書館，1985年），頁65。
〔註83〕 〈八佾篇〉，《論語》（臺北市：藝文印書館，1985年），頁26。
〔註84〕 〈子罕篇〉，《論語》（臺北市：藝文印書館，1985年），頁77。
〔註85〕 〈雍也篇〉，《論語》（臺北市：藝文印書館，1985年），頁55。

孔子借顏淵問仁，談什麼是克己？由克己復禮爲仁說起，再由感官的視、聽、言、行四個角度來談，正可搭配荀子內聖思想的縱向心理結構。且提仁德之成與自由意志的關係，爲仁由己不由他人，孔子將內在仁德注入外在形式。

> 顏淵問仁。子曰：「克己復禮爲仁。一日克己復禮，天下歸仁焉。爲仁由己，而由人乎哉。」顏淵曰：「請問其目。」子曰：「非禮勿視，非禮勿聽，非禮勿言，非禮勿動。」顏淵曰：「回雖不敏，請事斯語矣。」〔註86〕

e. 樸

> 先進於禮樂，野人也。後進於禮樂，君子也。如用之，則吾從先進。〔註87〕

在先進與後進禮樂之間，孔子對於禮樂寧可質樸如鄉野之人。

本段不彈繁瑣，羅列《論語》、《孟子》中所見論禮諸項，歸納前文得知，孔子雖然見到許多宗法社會的僭越現象，然而他在《論語》中也多方嘗試挖掘禮儀背後的眞實內涵。

（3）禮的重要性在於可以立身行事

> 子曰：「興於詩，立於禮，成於樂。」〔註88〕

> 陳亢問於伯魚曰：「子亦有異聞乎？」對曰：「未也。嘗獨立，鯉趨而過庭。曰：學詩乎？對曰：『未也。』『不學詩，無以言！』鯉退而學詩。他日又獨立，鯉趨而過庭。曰：『學禮乎？』對曰：『未也。』『不學禮，無以立！』鯉退而學禮。聞斯二者。」陳亢退而喜曰：「問一得三：聞詩，聞禮又聞君子之遠其子也。」〔註89〕

> 子曰：「不知命，無以爲君子也；不知禮，無以立也；不知言，無以知人也。」〔註90〕

儀文形式背後潛藏豐富的內蘊，所以值得學習，學習的結果是可以爲立身行事之根據。

〔註86〕〈顏淵篇〉，《論語》（臺北市：藝文印書館，1985 年），頁 106。
〔註87〕〈先進篇〉，《論語》（臺北市：藝文印書館，1985 年），頁 96。
〔註88〕〈泰伯篇〉，《論語》（臺北市：藝文印書館，1985 年），頁 71。
〔註89〕〈季氏篇〉，《論語》（臺北市：藝文印書館，1985 年），頁 150。
〔註90〕〈堯曰篇〉，《論語》（臺北市：藝文印書館，1985 年），頁 180。

> 任人有問屋盧子曰：「禮與食孰重？」曰：「禮重。」「色與禮孰重？」
> 曰：「禮重。」曰：「以禮食，則飢而死；不以禮食，則得食；必以
> 禮乎？親迎，則不得妻；不親迎，則得妻；必親迎乎？」

屋盧子無法透徹理解禮的重要性為何可以超越食與色，孟子以善喻又幽默的方式曉諭弟子。

> 紾兄之臂，而奪之食，則得食；不紾，則不得食；則將紾之乎？踰
> 東家牆而摟其處子則得妻；不摟則不得妻，則將摟之乎？〔註91〕

3. 內容與形式的完美結合──充滿生命的禮儀形式細節

孔子將禮的精神貫注在各式的禮儀形式細節，在《論語》的眾多篇章，吾人可以看見形式與內容的完美示範。禮者履也，禮儀形式不是虛設，孔子在所有的生活細節活活潑潑實踐出來。

> 子曰：「射不主皮，為力不同科，古之道也。」〔註92〕

在《論語》一書可見孔子提及各式儀文，例如射禮。前言射禮是運動競技與禮儀形式的結合，孔子不重以力爭勝，所以此處言射禮意亦相仿，點到為止、中鵠即可，無須貫革為務。

> 君召使擯，色勃如也，足躩如也。揖所與立，左右手，衣前後，襜
> 如也。趨進，翼如也。賓退，必復命，曰：「賓不顧矣。」〔註93〕

孔子借色勃如、足躩如、衣襜如、趨翼如連續數個排比，細膩描述自己執行擯相任務之時的神情顏色、行為舉止與服裝打扮，具體而生動的點出合宜的接待外賓之禮。

> 執圭，鞠躬如也，如不勝。上如揖，下如授，勃如戰色，足蹜蹜如
> 有循。享禮，有容色。私覿，愉愉如也。〔註94〕

出使鄰國行聘問之禮時，也是以鞠躬如也、勃如戰色、愉愉如也連續數個形容詞，刻畫自己內在情感的轉變。

> 鄉人飲酒，杖者出，斯出矣。鄉人儺，朝服而立於阼階。

《小戴禮記》也提及和樂融融敬老尊賢的鄉飲酒禮。

> 君賜食，必正席先嘗之。君賜腥，必熟而薦之。君賜生，必畜之。

〔註91〕〈告子下〉，《孟子》（臺北市：藝文印書館，1985年），頁209。
〔註92〕〈八佾篇〉，《論語》（臺北市：藝文印書館，1985年），頁28。
〔註93〕〈鄉黨篇〉，《論語》（臺北市：藝文印書館，1985年），頁86。
〔註94〕〈鄉黨篇〉，《論語》（臺北市：藝文印書館，1985年），頁87。

> 侍食於君，君祭，先飯。疾，君視之，東首，加朝服拖紳，君命召，
> 不俟駕行矣。〔註95〕

此為事君飲食之各式節文。

> 升車，必正立，執綏。車中不內顧，不疾言，不親指。〔註96〕

即使乘車亦有正立等禮節可言，孔子先立定內涵再來充實形式。

> 子貢欲去告朔之餼羊。子曰：「賜也，爾愛其羊，我愛其禮。」
> 〔註97〕

孔子重視這些節文，自然不只形式，還包括背後代表整套建立文明秩序的精
神。

> 子曰：「事君盡禮，人以為諂也。」〔註98〕

然而孔子感嘆真正依禮奉行節文，反而遭人誣為諂媚。

> 公行子有子之喪，右師往弔。入門，有進而與右師言者，有就右師
> 之位而與右師言者；孟子不與右師言。右師不悅，曰：「諸君子皆與
> 驩言，孟子獨不與驩言，是簡驩也。」孟子聞之，曰：「禮，朝廷不
> 歷位而相與言，不踰階而相揖也。我欲行禮，子敖以我為簡，不亦
> 異乎？」〔註99〕

孟子亦由節文展現面對權貴之時不卑不亢的進退出處。

4. 三年之喪

然而自孔子始，儒家之禮的形式問題便開始廣為討論，尤其是三年之喪。

> 顏淵死，門人欲厚葬之。子曰：「不可！」門人厚葬之。子曰：「回
> 也，視予猶父也，予不得視猶子也。非我也，夫二三子也。」〔註100〕

孔子的得意門生顏回雖然視孔子如父，但孔子仍認為依禮不得厚葬，禮不只
是形式儀文，儀文背後尚須調理此類人與人之間濃厚而切身的情誼。

> 子張曰：「書云：『高宗諒陰，三年不言。』何謂也？」子曰：「何必
> 高宗，古之人皆然。君薨，百官總己以聽於冢宰，三年。」〔註101〕

〔註95〕　〈鄉黨篇〉，《論語》（臺北市：藝文印書館，1985 年），頁 90。
〔註96〕　〈鄉黨篇〉，《論語》（臺北市：藝文印書館，1985 年），頁 91。
〔註97〕　〈八佾篇〉，《論語》（臺北市：藝文印書館，1985 年），頁 29。
〔註98〕　〈八佾篇〉，《論語》（臺北市：藝文印書館，1985 年），頁 30。
〔註99〕　〈離婁下〉，《孟子》（臺北市：藝文印書館，1985 年），頁 152。
〔註100〕　〈先進篇〉，《論語》（臺北市：藝文印書館，1985 年），頁 97。
〔註101〕　〈憲問篇〉，《論語》（臺北市：藝文印書館，1985 年），頁 130。

此處談三年的居喪之禮，國君亦是三年之喪，三年不過問政事。

> 宰我問：「三年之喪，期已久矣！君子三年不爲禮，禮必壞；三年不
> 爲樂，樂必崩。舊穀既沒，新穀既升，鑽燧改火，期可已矣。」子
> 曰：「食夫稻，衣夫錦，於女安乎？」曰：「安！」「女安，則爲之！
> 夫君子之居喪，食旨不甘，聞樂不樂，居處不安，故不爲也。今女
> 安，則爲之！」宰我出。子曰：「予之不仁也！子生三年，然後免於
> 父母之懷。夫三年之喪，天下之通喪也，予也，有三年之愛於其父
> 母乎？」〔註102〕

三年之喪不只墨子反對，連孔門的弟子也有相同看法。荀子在〈禮論篇〉是
用天地循環的道理來說解，孔子在〈陽貨篇〉則是用人倫間交換式的倫理原
則來說服弟子。連孔子的學生宰我都反對三年之喪，孟子很少談禮，但談了
一則滕文公復興喪禮成功的實例，滕文公請其傅然友兩度請教孟子三年之喪
（《孟子》〈滕文公〉）他以「君子之德，風也，小人之德，草也；草尙之風必
偃。」從旁支持滕文公。

> 齊宣王欲短喪。公孫丑曰：「爲朞之喪，猶愈於已乎！」孟子曰：「是
> 猶或紾其兄之臂，子謂之姑徐徐云爾，亦教之孝弟而已矣。」

> 王子有其母死者，其傅爲之請數月之喪。公孫丑曰：「若此者何如
> 也？」曰：「是欲終之而不可得也，雖加一日愈於已，謂夫莫之禁而
> 弗爲者也。」〔註103〕

孟荀論性相異，但是一致捍衛三年之喪。

> 孟子曰：「知者無不知也，當務之爲急；仁者無不愛也，急親賢之爲
> 務。堯、舜之知而不徧物，急先務也；堯、舜之仁不徧愛人，急親
> 賢也。不能三年之喪，而緦小功之察；放飯流歠，而問無齒決，是
> 之謂不知務。」〔註104〕

孟子談禮之緩急，三年之喪爲要。

> 蓋上世嘗有不葬其親者，其親死則舉而委之於壑。他日過之，狐狸
> 食之，蠅蚋姑嘬之。其顙有泚，睨而不視。夫泚也，非爲人泚，中
> 心達於面目。蓋歸反虆梩而掩之。掩之誠是也，則孝子仁人之掩其

〔註102〕〈陽貨篇〉，《論語》（臺北市：藝文印書館，1985年），頁157。
〔註103〕〈盡心上〉，《孟子》（臺北市：藝文印書館，1985年），頁242。
〔註104〕〈盡心上〉，《孟子》（臺北市：藝文印書館，1985年），頁244。

親，亦必有道矣！」徐子以告夷子。夷子憮然爲間，曰：「命之矣！」
〔註105〕

孔子先從倫理的互換原則說禮，孟子與荀子一起繼承這份人文精神，反對墨子的薄葬，孟子靈活立論從假設不葬開始說起，說服力與幽默感兼具。

> 孟子告齊宣王曰：「君之視臣如手足，則臣視君如腹心；君之視臣如犬馬，則臣視君如國人；君之視臣如土芥，則臣視君如寇讎。」
>
> 王曰：「禮，爲舊君有服，何如斯可爲服矣？」
>
> 曰：「諫行言聽，膏澤下於民；有故而去，則君使人導之出疆，又先於其所往；去三年不反，然後收其田里。此之謂三有禮焉。如此，則爲之服矣。今也爲臣。諫則不行，言則不聽；膏澤不下於民；有故而去，則君搏執之，又極之於其所往；去之日，遂收其田里。此之謂寇讎。寇讎何服之有？」〔註106〕

倫理的交換式原則孔子借親子關係來說明，孟子運用於君臣之間。這個問題由荀子在〈禮論篇〉持續討論。

（二）動態的平衡和諧

形式與內容孰輕孰重？《論語》論禮有一個解決原則，即動態的平衡調理。

> 子曰：「質勝文則野，文勝質則史，文質彬彬，然後君子。」〔註107〕

所謂文質彬彬由前文可見是孔子大量提到形式與內容的平衡，荀子論禮傳承紹續。

> 棘子成曰：「君子質而已矣，何以文爲？」子貢曰：「惜乎，夫子說君子也，駟不及舌！文猶質也，質猶文也。虎豹之鞹，猶犬羊之鞹？」
> 〔註108〕

虎豹之鞹自然不同於犬羊之鞹，是文質彬彬，是動態的平衡和諧，也是斟酌損益。

> 子曰：「恭而無禮則勞，慎而無禮則葸，勇而無禮則亂，直而無禮則絞。君子篤於親，則民興於仁。故舊不遺，則民不偷。」〔註109〕

〔註105〕〈滕文公上〉，《孟子》（臺北市：藝文印書館，1985年），頁102。
〔註106〕〈離婁下〉，《孟子》（臺北市：藝文印書館，1985年），頁142。
〔註107〕〈雍也篇〉，《論語》（臺北市：藝文印書館，1985年），頁54。
〔註108〕〈顏淵篇〉，《論語》（臺北市：藝文印書館，1985年），頁107。
〔註109〕〈泰伯篇〉，《論語》（臺北市：藝文印書館，1985年），頁70。

在恭、慎、勇、直諸德之間，禮是一個動態的調理機制。

> 孟子曰：「仁之實，事親是也；義之實，從兄是也。智之實，知斯二者弗去是也；禮之實，節文斯二者是也；樂之實，樂斯二者，樂則生矣；生則惡可已也，惡可已，則不知足之蹈之、手之舞之。」〔註110〕

孟子談禮不多，但注意到其間的細微調節，禮的具體表現是節制和文飾這兩件事。

> 孟子曰：「非禮之禮，非義之義，大人弗爲。」〔註111〕

趙歧注曰：「言禮義人之所折中，履其正者，乃可爲中，是以大人不行疑禮。」所謂動態的平衡調節並不是模稜兩可，折衷是指其間可行的中庸正道。

動態的平衡調理在荀子的〈禮論〉獲得豐富的衍繹。

（三）理性思維

以上對於人間秩序的探討或重形式或重內容，或者在形式與內容之間尋求平衡調理，除此之外我們也注意到荀子在論禮之時出現基本的理性思維。由理性思維談禮，我們可以看見主體自覺、人文精神以及名學思維與禮樂精神的關係。凡此諸項在孔孟之時已發其端。

1. 理性自覺

> 顏淵問仁。子曰：「克己復禮爲仁。一日克己復禮，天下歸仁焉。爲仁由己，而由人乎哉？」〔註112〕

自由意志是理性精神的原點，內在仁德是禮樂文明的核心。

2. 人文理性精神

> 季路問事鬼神？子曰：「未能事人，焉能事鬼？」「敢問死？」曰：「未知生，焉知死？」〔註113〕

孔子斯言爲荀子或說後代的儒者理性精神的源頭活水。

3. 名學思維與禮樂

孔子有正名觀，也就是有清晰分明的概念，這概念是共理：

> 子張問：「十世可知也？」子曰：「殷因於夏禮，所損益，可知也。周因於殷禮，所損益，可知也。其或繼周者，雖百世可知也。」〔註114〕

〔註110〕 〈離婁上〉，《孟子》（臺北市：藝文印書館，1985 年），頁 137。
〔註111〕 〈離婁下〉，《孟子》（臺北市：藝文印書館，1985 年），頁 143。
〔註112〕 〈顏淵篇〉，《論語》（臺北市：藝文印書館，1985 年），頁 106。
〔註113〕 〈先進篇〉，《論語》（臺北市：藝文印書館，1985 年），頁 97。
〔註114〕 〈爲政篇〉，《論語》（臺北市：藝文印書館，1985 年），頁 19。

此處的禮抽繹出來是共理，超越時間的共理之禮，此為論禮源頭。

> 子路曰：「衛君待子而為政，子將奚先？」子曰：「必也正名乎！」
> 子路曰：「有是哉？子之迂也。奚其正？」子曰：「野哉，由也！君
> 子於其所不知，蓋闕如也。名不正，則言不順；言不順，則事不成；
> 事不成，則禮樂不興；禮樂不興，則刑罰不中；行罰不中，則民無
> 所措手足。故君子名之必可言也，言之必可行也。君子於其言，無
> 所苟而已矣！」〔註115〕

為政在先正名，先有清晰分明的概念「君君臣臣父父子子」，其間的順序非常
耐人尋味：先名正而言順，言順而事成，事成而禮樂興，禮樂興而刑罰中，
刑罰中而民知所措手足。孔子將正名與禮樂、邏輯與倫理作一個完美的縮合，
此一思維方式對於荀子多有啟發。

人間的文明秩序該如何重整？孟子論禮之處不多，孔子論禮集中在指陳
當時僭越現象四起，開始反省何謂禮，多方闡揚禮的內在精神，示範內容與
形式當如何完美結合，三年之喪是孔子時期便開始討論的議題，孔子所提出
的斟酌損益在荀子得到多方的詮釋，筆者名之為動態的平衡和諧。另外，孔
子論禮已有理性思維。

貳、由〈禮論篇〉看荀子如何安排人間文明秩序

孔孟努力解決周禮在他們的年代所遭遇的僭越問題，形式與內容的問
題，孔孟提出的解決方法是返回內在仁德、先驗的善性以灌注禮儀形式，以
維持周禮的組織架構，希望文明秩序得以維繫。但只有內容與形式雙美，不
能完全解決荀子在當時所面臨的時代問題。

本文在第二章詳考荀子生平，戰國時代實踐周禮所遭遇的挑戰不只是僭
越，而是在上位者野心侵略無限制的擴張，中土已陷入互相爭戰。荀子把孔
孟的語錄體，轉換成系統論述，在〈禮論〉一篇可見荀子論禮的主要見解，
繼續思索如何為周禮灌注活水。

在荀子的年代想繼續振興周禮，但當時發生什麼問題？周禮之外有在上
位者野心無限擴展；周禮之內有繁文縟節、勞民傷財，宇內已無文明秩序可
言；諸子對於儒家所重之禮紛紛提出質疑，例如墨子。〔註116〕荀子從分、養、

〔註115〕〈子路篇〉，《論語》（臺北市：藝文印書館，1985 年），頁 115。
〔註116〕墨子原先也是儒者，熟悉禮樂文明，他在〈節葬〉一文探討的是文明形式，
也就是喪禮當中的節文過度發展。墨子與荀子行文皆以主題概念名篇，全篇

節、群、本，共理之禮以及動態的平衡和諧各個角度重振周禮。要重振人間文明秩序勢必要反省什麼是禮？荀子在〈禮論篇〉多方斟酌。

一、禮借分與養調理天生性情欲

> 禮起於何也？曰：人生而有欲，欲而不得，則不能無求；求而無度量分界，則不能不爭；爭則亂，亂則窮。先王惡其亂也，故制禮義以分之，以養人之欲，給人之求。使欲必不窮於物，物必不屈於欲。兩者相持而長，是禮之所起也。〔註117〕

這是〈禮論篇〉的第一段。由前面孔孟論禮可知，孔子由仁德內在、孟子由性善超越來充實禮儀形式，理應帶來正理平治，但爲何是中土爭亂愈演愈烈，而這樣的愈演愈烈自然與當時野心不斷擴展的在上位者直接關聯，這不由得讓荀子重新思索整個命題，所以他從中土失序倒回去推測人生而有欲，在上位者野心勃勃，互相兼併，如此才能順理成章解釋眼前現象，但他的理論不在於證成人生而有欲，不在放棄仁德內在、性善先驗，重點在於如何振興周文，再造人間的文明新秩序。回顧第三章的內聖結構，我們可以得知荀子所談的人最少有兩種，一種是凡人，一種是聖人，兩種人皆秉有人之常情，聖人只因能虛壹而靜得清明心，能化性起僞，能不已積學，故能制禮作樂。人生而有欲，在荀子而言或許不是全稱命題，而是特稱命題，人生部分有欲，但也有美好的部分，荀子非常隱微地保留內在仁德，但凸顯人生而有欲不一樣的人性假設，加上層層工夫修養的要求，企圖重新安排思考次第，再一次活化先王禮樂，尋找人間新秩序。由此段可見：荀子的內聖工夫與外王思想是內外一貫。

　　〈禮論〉全篇雖然討論天生性情，但尚未把性情與惡聯結，這是值得注意的重點，也就是談荀子之禮不必然要論及性惡，由此我們可以更確定荀子內聖工夫的特色。

論旨分明：〈節葬〉反對厚葬，〈禮論〉反對薄葬，針鋒相對，異中有同。墨子弟子在〈節葬〉一篇記錄墨子對厚葬的理由言簡意賅，文中以儒家所重的孝子與仁人起首，指出無論孝子之爲親，或仁者之爲天下，皆宜薄葬。墨子立說主要判準有三：貧則從事乎富之，寡則從事乎眾之，亂則從事乎治之，文中運用大量篇幅指陳宗法制度下貴賤各階層若遵循厚葬之禮的諸項流弊。〈節葬〉，清‧孫詒讓：《墨子閒詁》（臺北市：華正書局，1987年），頁156～160。

〔註117〕《荀子集解‧考證》（臺北市：世界書局，2000年），頁321。

> 故曰：性者，本始材朴也；僞者，文理隆盛也。無性，則僞之無所加，無僞，則性不能自美。性僞合，然後成聖人之名，一天下之功於是就也。故曰：天地合而萬物生，陰陽接而變化起，性僞合而天下治。天能生物，不能辨物也；地能載人，不能治人也；宇中萬物生人之屬，待聖人然後分也。詩曰：「懷柔百神，及河喬嶽。」此之謂也。〔註118〕

〈禮論篇〉談原始本能不只未與惡字連用，尚且提到性與僞合，我們可以把性惡與性僞合當作是兩種不同的人性敘述。首段提到如果資源分配不均，將會失序，但未用「惡」以判斷「性」，並定義性爲「本始材朴」，是人爲施設的基礎，甚且言「性僞合，然後聖人之名成，……性僞合而天下治」，性僞合有如天地合而生萬物，陰陽接而起變化，直達超越的層次，在全書論性諸項中顯得十分有理趣，《荀子》對於人性的立場，可以不是只有性惡。人性與人爲可以是一體兩面。如果順任人性將流於爭亂，但如果化性起僞，則天下可治。

面對人的天生性情，思想家的對待方式可以採「寡」如道家的「少私寡欲」，也可以如荀子的「調養」。

> 故禮者，養也。芻豢稻梁，五味調香，所以養口也；椒蘭芬苾，所以養鼻也；雕琢刻鏤，黼黻文章，所以養目也；鐘鼓管磬，琴瑟竽笙，所以養耳也；疏房檖貌，越席床第几筵，所以養體也。故禮者養也。〔註119〕

荀子設想的方式以禮柔性調養人欲。〔註120〕調養內容若參考第三章內聖結構的縱向鑿深，便可見所養者眾：爲養人之口、養人之鼻、養人之目、養人之耳與養人之體等耳目感官。

> 故天子大路越席，所以養體也；側載睪芷，所以養鼻也；前有錯衡，所以養目也；和鸞之聲，步中武象，趨中韶護，所以養耳也；龍旗九斿，所以養信也；寢兕持虎，蛟韅、絲末、彌龍，所以養威也；故大路之馬必信至，教順，然後乘之，所以養安也。〔註121〕

〔註118〕《荀子集解‧考證》（臺北市：世界書局，2000年），頁338。
〔註119〕《荀子集解‧考證》（臺北市：世界書局，2000年），頁321～322。
〔註120〕徐復觀於《中國人性論史》曰：「以禮來節欲養欲，這是中國人文精神的必然要求。」（臺北市：臺灣商務印書館，1988年），頁256。
〔註121〕《荀子集解‧考證》（臺北市：世界書局，2000年），頁322～323。

本段可見在宗法制度的架構下天子長養之隆盛，不只調養耳、目、口、鼻等本能感官，尚且養信、養威與養安。

　　性情不能只是一味調養，人在群體中生活，是以無法無限度擴張調養幅度，養中要有別，以免流於爭亂。調養是柔性的成全，分別是硬性的定限。

　　　　君子既得其養，又好其別。曷謂別？曰：貴賤有等，長幼有差，貧富輕重皆有稱者也。〔註122〕

宗法制度的基本目的便在區分貴、賤、長、幼、貧、富、輕、重，這種區別當然是一種限制，但是人文世界本來便需要有一套秩序，無論甚麼秩序，皆得其養，兩不相傷即是好的文明秩序。

　　孔孟論禮談過內在自覺仁德、先驗的善性，和、讓、敬、哀、儉、戚、約、樸等禮之精神、動態的平衡調節以及理性思維，凡此皆爲論禮重點，荀子如何能繼兩位之後另闢蹊徑？荀子談禮從「分」開始，以「分」重新談禮有何優越之處？因爲擬安排人間秩序。

　　讓我們回顧孔子在〈子路篇〉所言，爲政在先正名，其間的順序非常耐人尋味：先名正而言順，言順而事成，事成而禮樂興，禮樂興而刑罰中，刑罰中而民知所措手足，孔子將正名與禮樂作一個完美的縮合。而這樣的結合勢必讓荀子多有啓發，否則，書中不會出現〈正名篇〉。也就是荀子獨樹一幟的名學思維，讓他在宗法制度之中看見正名，看見清晰分明的觀念，看見分的重要性，看見重振禮樂教化的契機。雖然在宗法制度下貴賤、長幼、貧富與輕重各有差異，但禮中之分讓原先無所安頓的人世爭亂，能各得其位，有所措手足。

　　禮爲何能清楚分明的區別，在前章所開展內聖架構，這個分別的源頭來自一顆概念清晰分明的大清明之心，即〈解蔽篇〉所言的知性主體，知性主體與清楚分明的禮各爲主客體。這也就是李哲賢所言：

　　　　若夫知禮義乃制作禮義之前提，而聖人之制作禮義，並非依據禮之條文，而是依據禮義發展中之共理，而共理之把握則在於認知心。故聖人乃依憑其虛壹而靜之大清明之心，於百王累積之法度中，把握其共理，統而一之，連而貫之，由此而言禮義之統類也。〔註123〕

〔註122〕《荀子集解・考證》（臺北市：世界書局，2000年），頁322。

〔註123〕李哲賢：《荀子之核心思想──「禮義之統」及其時代意義》（臺北市：文津出版社，1994年），頁115。

共理之禮是近年學界論荀的共識，亦即為禮義之統。分其有餘，養其不足，這是兩全其美的機制，非常有創意，直指宗法制度的核心，重要性不下於仁德與性善。在宗法制度下所產生的僭越與爭亂可以訴諸道德層面去化解，也可以從理則分類著手。

二、所謂的禮乃注重本根

孔孟把禮的根源訴諸內在心性，荀子以類為基礎，為禮尋到本根：天地、先祖與君師。

（一）禮有三本

《荀子》原典中為禮尋出三本源。

> 禮有三本：天地者，生之本也；先祖者，類之本也；君師者，治之本也。無天地，惡生？無先祖，惡出？無君師，惡治？三者偏亡，焉無安人。故禮上事天，下事地，尊先祖，而隆君師。是禮之三本也。故王者天太祖，諸侯不敢壞，大夫士有常宗，所以別貴始，貴始得之本也。郊止乎天子，而社止於諸侯，道及士大夫，所以別尊者事尊，卑者事卑，宜大者巨，宜小者小也。故有天下者事七世，有一國者事五世，有五乘之地者事三世，有三乘之地者事二世，持手而食者不得立宗廟，所以別積厚，積厚者流澤廣，積薄者流澤狹也。〔註124〕

天地是眾人之所生，先祖是眾人同類之本，無君師則無所治，荀子並以祭禮「王者天太祖，諸侯不敢壞，大夫士有常宗，所以別貴始，貴始得之本也」作為示範，有所本始則得積厚澤廣，荀子所言天地君親師，廣為後世流傳。論者常以為荀子之學無根柢、無本源、無超越，此處三本之說是夫子自道的本源之處，可以看出他的理性立場，荀子所反對的是神秘思想而非超越根源，如果不涉神秘成份，如三本之說明明白白的根源式思考是他所樂於引用。

（二）禮之節文貴本始

禮既以本為重，繁文縟節自然是末。荀子在〈禮論〉描述祭禮時，隨著各式祭品逐一指點背後貴本親用的精神，以為調理導正。

> 大饗，尚玄尊，俎生魚，先大羹，貴食飲之本也。饗，尚玄尊而用酒醴，先黍稷而飯稻粱。祭，齊大羹而飽庶羞，貴本而親用也。

〔註124〕 《荀子集解・考證》（臺北市：世界書局，2000年），頁324～325。

貴本之謂文，親用之謂理，兩者合而成文，以歸大一，夫是之謂大

隆。〔註125〕

過多的繁文縟節是儒家尊禮為人詬病之處，荀子在本段繼承孔子「禮，與其
奢也，寧儉。喪，與其易也，寧戚。」〔註126〕借實際的祭品做指點，回歸節
文的本始與實用。

故尊之尚玄酒也，俎之尚生魚也，豆之先大羹也，一也。利爵之不

醮也，成事之俎不嘗也，三臭之不食也，一也。大昏之未發齊也，

太廟之未入尸也，始卒之未小斂也，一也。大路之素未集也，郊之

麻絻也，喪服之先散麻也，一也。三年之喪，哭之不反也，清廟之

歌，一唱而三歎也，縣一鐘，尚拊膈，朱絃而通越也，一也。〔註127〕

學界多談〈禮論篇〉之原理原則共理共相，這是闡揚荀子思想的關鍵之處，
荀子在原文也不厭其煩，從各種節文說明儒家言禮的原則是貴本親用而非繁
文縟節。

三、禮是動態的平衡調理

這一點精神承繼自孔子的斟酌損益。

（一）在性情與禮義之間調理

荀子由照顧性情與禮義兩端談分與養，可以將原始的自然生命漸漸調節
化導至人文理性的狀態，人文理性可以超越原先的天生性情而得提昇，荀子
借一套照顧周全的人文理性思想化解墨子所謂形式過度、文明過剩的指控。

孰知夫出死要節之所以養生也！孰知夫出費用之所以養財也！孰知

夫恭敬辭讓之所以養安也！孰知夫禮義文理之所以養情也！故人苟

生之為見，若者必死；苟利之為見，若者必害；苟怠惰偷懦之為安，

若者必危；苟情說之為樂，若者必滅。故人一之於禮義，則兩得之

矣；一之於情性，則兩喪之矣。故儒者將使人兩得之者也，墨者將

使人兩喪之者也，是儒墨之分也。

楊倞於此注曰：「專一於禮義，則禮義、情性兩得。專一於情性，則禮義、情
性兩喪也。」〔註128〕墨子為春秋時代的顯學，針對周文，也在思索如何重新

〔註125〕　《荀子集解‧考證》（臺北市：世界書局，2000年），頁325～326。

〔註126〕　〈八佾篇〉，《論語》（臺北市：藝文印書館，1985年），頁26。

〔註127〕　《荀子集解‧考證》（臺北市：世界書局，2000年），頁326～327。

〔註128〕　《荀子集解‧考證》（臺北市：世界書局，2000年），頁324。

設計人間秩序。荀子正視、照顧人的原始性情,由此為起點拾級而上因養與分而能「出死要節」、「出費用」、「恭敬辭讓」,墨子雖然顧及現象界緊迫的經濟、政治與宗教層面,但因為沒有從根潤澤人的天生性情,也未指出導正一條讓眾人得以拾級而上的正道,唯恐有兩失情性與禮義之虞。而且荀子這一套調養之道也試圖呼應墨子〈節葬〉原先的前提:「貧則從事乎富之,寡則從事乎眾之,亂則從事乎治。」衡量不可謂不周全。

(二)禮之至備,情文俱盡

針對形式過剩的指控,除了前言回歸本始原點的多項嘗試思考之外,荀子還從彈性的、動態的調理過程談禮重在情文俱盡:

> 凡禮,始乎梲,成乎文,終乎悅校。故至備,情文俱盡;其次,情文代勝;其下復情以歸大一也。

楊倞注曰:「《史記》作始乎脫,成乎文,終乎梲。言禮始於脫略,成於文飾,終於梲減。……《大戴禮》作終於隆,隆盛也。」〔註129〕在天生性情與人為文明之間,最圓滿的方式是什麼?前文談到動態的平衡,但動態的平衡所指為何?化性起偽的內聖工夫如何在諸項禮儀中實際展現動態的平衡調節?荀子主張兩全其美,也就是照見正視性情,由天生性情拾級而上禮樂文明,而調整至文質彬彬,這中間的平衡是動態平衡,如果失衡則是情勝文或文勝情,皆非「文質彬彬」的動態平衡,荀子的動態平衡不只是或左或右,精確的說是一種超越左右之上的無限辯證過程,〈勸學〉才說「學不可以已」,個中奧蘊值得後學仔細體會。

(三)君子上致其隆,下盡其殺,中處其中

動態的均衡調理過程還可以更細膩分三階段禮之隆、禮之殺、禮之中流來解說:

> 禮者,以財物為用,以貴賤為文,以多少為異,以隆殺為要。文理繁,情用省,是禮之隆也。文理省,情用繁,是禮之殺也。文理情用相為內外表裏,並行而雜,是禮之中流也。故君子上致其隆,下盡其殺,而中處其中。步驟馳騁屬騖不外是矣。是君子之壇宇宮廷也。人有是,士君子也;外是,民也;於是其中焉,方皇周挾,曲得其次序,是聖人也。故厚者,禮之積也;大者,禮之廣也;高者,

---

〔註129〕《荀子集解‧考證》(臺北市:世界書局,2000年),頁328。

> 禮之隆也；明者，禮之盡也。詩曰：「禮儀卒度，笑語卒獲。」此之
> 謂也。〔註130〕

荀子在文理與情用之間有周全的考慮。以禮修身的君子在文理情用之間若能知其隆、殺且得其中流，則能應時而動、俟地而變，自能無入而不自得，並借禮定義聖人。

四、最高境界

（一）天地境界

透過前文思考禮的周全定義，荀子論禮由天生性情而開展天地境界，便顯得順理成章，水到渠成。

> 天地以合，日月以明，四時以序，星辰以行，江河以流，萬物以昌，
> 好惡以節，喜怒以當，以爲下則順，以爲上則明，萬變不亂，貳之
> 則喪也。禮豈不至矣哉！立隆以爲極，而天下莫之能損益也。本末
> 相順，終始相應，至文以有別，至察以有說，天下從之者治，不從
> 者亂，從之者安，不從者危，從之者存，不從者亡，小人不能測也。
> 〔註131〕

荀子的內在超越指自我超越，化性起偽始於超越動物性的自我，荀子論禮內而化導喜怒哀樂，中而調理人間秩序，外而如此段所論，天地日月皆可因禮之施設而各安其位，這是透過動態調理可達到的文明禮義所展現的最高境界，亦即人爲之偽內在超越的最高境界。或有學者以爲此處言天地以合似乎與荀子原先所主張的天人相分有別，其實不然，此段論述是聖人秉概念清楚的清明心製作明白清楚的禮，天地以合是以此明白清楚的理性思想爲基礎，此是其中緊要分野，是荀子自有自發的天地以合，這也是本文所言荀子式的內在超越境界，荀子所欲建立的人文秩序由此可見一全然的展現。

（二）人道之極

> 故繩者，直之至；衡者，平之至；規矩者，方圓之至；禮者，人道
> 之極也。然而不法禮，不足禮，謂之無方之民；法禮，足禮，謂之
> 有方之士。禮之中焉能思索，謂之能慮；禮之中焉能勿易，謂之能
> 固。能慮、能固，加好者焉，斯聖人矣。故天者，高之極也；地者，

〔註130〕《荀子集解・考證》（臺北市：世界書局，2000年），頁330。
〔註131〕《荀子集解・考證》（臺北市：世界書局，2000年），頁328～329。

> 下之極也；無窮者，廣之極也；聖人者，人道之極也。故學者，固
> 學爲聖人也，非特學無方之民也。〔註132〕

在荀子的原典中並沒有〈道論〉，然而沒有篇目並不表示無此內涵。陳大齊在
《荀子學說》一書中有〈道論〉，荀子所謂的道所指爲何？

> 道者，非天之道，非地之道，人之所以道也，君子之所道也。

荀子知道是指人之道，人之道的內涵爲何？

> 先王之道，仁之隆也，比中而行之。曷謂中？曰：禮義是也。〔註133〕

禮義是人道之極，聖人此道極的具體展現，荀子論學不在其他，而在於學爲
聖人。

> 志安公，行安修，知通統類，如是則可謂大儒矣。〔註134〕

道與統類的關係爲何？陳大齊在文中提到道與統類

> 以統類的有無與分的有無，分別人之是否爲聖人與事之爲利爲害，
> 其重視統類及分，可謂與道相等。然則統類分三者，與道有別而是
> 道以外所應遵守的標準呢？還是與道無所分別呢？試按荀子所說，
> 統類分三者實是道的功用，並非別存於道外。爲了顯示其功用起見，
> 道可稱爲統，可稱爲類，亦可稱爲分。故統類分只是道的別名。

陳大齊的道論貫通道、禮、聖人與通統類的關係，再次說明荀子不是沒有形上
超越思想，而是內化於人間的禮樂文明之中。〔註135〕此說極爲精到，值得斟酌。

（三）可以爲典範品評諸子

> 禮之理誠深矣，「堅白」「同異」之察入焉而溺；其理誠大矣，擅作
> 典制辟陋之說入焉而喪；其理誠高矣，暴慢恣睢輕俗以爲高之屬入
> 焉而隊。故繩墨誠陳矣，則不可欺以曲直；衡誠縣矣，則不可欺以
> 輕重；規矩誠設矣，則不可欺以方圓；君子審於禮，則不可欺以詐
> 僞。〔註136〕

明白清楚具理性思想的禮，是爲人道之極，方可成爲判準與權衡，荀子以之
爲評判諸子的標準，公孫龍、惠施、愼到、它囂、魏牟諸子相形之下便各有
所蔽了。

〔註132〕《荀子集解‧考證》（臺北市：世界書局，2000年），頁329～330。
〔註133〕《荀子集解‧考證》（臺北市：世界書局，2000年），頁105。
〔註134〕《荀子集解‧考證》（臺北市：世界書局，2000年），頁126。
〔註135〕陳大齊：《荀子學說》（臺北市：中國文化大學，1989年），頁75～96。
〔註136〕《荀子集解‧考證》（臺北市：世界書局，2000年），頁329。

荀子以能應變的爲明達，爲聖人，爲大儒，對應變之重視可見。而
應變所宗，曰「原」，曰「禮」，曰「道」，曰「貫」，曰「統類」，名
雖不同，其實則一，所謂禮義之統是也。荀子以此概念建立其學術
系統，亦以此概念爲批評諸子的唯一標準。〔註137〕

本文未處理〈非十二子篇〉，誠如李滌生所言，禮義之統爲批評諸子的唯一標
準，論及禮義之統，〈非十二子〉也就思過半矣。

參、〈天論篇〉之禮

〈天論篇〉有三段文字可稍作調整。

雩而雨，何也？曰：無何也，猶不雩而雨也。日月食而救之，天旱
而雩，卜筮然後決大事，非以爲得求也，以文之也。故君子以爲文，
而百姓以爲神。以爲文則吉，以爲神則凶也。

這一段可以與前段的〈禮論篇〉合併。雩是源遠流長先民的求雨之祭，屬
於禮儀細節，以荀子而言如果禮文細節常可疏導喜怒哀樂、調節原始性情，
進一步建立人間的文明秩序，則爲吉，但僅止於此即可；就以爲神而言，
原來並無不可，荀子介意的是陰陽五行家所帶來的流弊，人類的文明秩序
無法建立。楊倞在此注曰：「順人之情以爲文飾則無害，淫祀求福則凶也。」
〔註138〕

在天者莫明於日月，在地者莫明於水火，在物者莫明於珠玉，在人
者莫明於禮義。故日月不高，則光明不赫；水火不積，則暉潤不博；
珠玉不睹乎外，則王公不以爲寶；禮義不加於國家，則功名不白。
故人之命在天，國之命在禮。君人者，隆禮尊賢而王，重法愛民而
霸，好利多詐而危，權謀傾覆幽險而亡矣。〔註139〕

本段以人之禮義擬於日月光明、水火暉潤、珠玉之光輝熠燿，可見禮之珍貴。

百王之無變，足以爲道貫。一廢一起，應之以貫，理貫不亂。不知
貫，不知應變。貫之大體未嘗亡也。亂生其差，治盡其詳。故道之
所善，中則可從，畸則不可爲，匿則大惑。水行者表深，表不明則
陷。治民者表道，表不明則亂。禮者，表也。非禮，昏世也；昏世，

〔註137〕李滌生：《荀子集釋》（臺北市：學生書局，2000年），頁111。
〔註138〕《荀子集解・考證》（臺北市：世界書局，2000年），頁292。
〔註139〕《荀子集解・考證》（臺北市：世界書局，2000年），頁292～293。

　　大亂也。故道無不明，外內異表，隱顯有常，民陷乃去。〔註140〕
學界談「共理之禮」樂於引用此段。以上三段文字若無〈禮論篇〉置之〈天論篇〉固無不可，但若有〈禮論篇〉，則回歸〈禮論篇〉，更能彰顯荀子禮學的精神。

肆、荀子論禮在後代的流傳

　　荀子禮學思想的傳承，賈誼與董仲舒在漢初多方繼承。賈誼在《新書》著有〈禮論篇〉，曰：

> 禮者，所以固國家，定社稷，使君無失其民者也。主主臣臣，禮之正也；威德在君，禮之分也；尊卑大小，強弱有位，禮之數也。禮，天子愛天下，諸侯愛境內，大夫愛官屬，士庶個愛其家，失愛不仁，過愛不義。故禮者，所以首尊卑之經、強弱之稱者也。……君惠臣忠，父慈子孝，兄愛弟敬，夫和妻柔，姑慈婦聽，禮之至也。君惠則不屬，臣忠則不貳，父慈則教，子孝則協，兄愛則友，弟敬則順，夫和則義，妻柔則正，姑慈則從，婦聽則婉，禮之質也。

賈誼在〈禮論篇〉談禮之正、禮之分、禮之數與禮之質，無非是要反省何謂禮。他有取於禮者在於人與人之間互相成全的文明秩序，即徐復觀下文所言：「建立人與人的合理關係，使每個人能過著有秩序而又有諧和的生活」，也就是外王。

> 故仁人行其禮，則天下安而萬理得矣。逮至德渥澤洽，調和大暢，則天清澈，地富熅，物時熟；民心不挾詐賊，氣脈淳化；攫醢搏摰之歡鮮，毒蠚猛蚗之蟲密，毒山不蕃，草木少薄矣。鑠乎大仁之化也。〔註141〕

他的外王有內聖德行作基礎，所以說：「仁人行其禮，則天下安而萬理得矣」，由「鑠乎大仁之化也」的境界，可見外王是內聖德行周流遍布、水到渠成的結果。

　　徐復觀在《兩漢思想史》指出賈誼所振興的是荀子所致力的禮治文化：

> 儒家禮的內容，到荀子已經有了很大的發展；賈誼所突出的禮的思想，又是受荀子的禮的思想，而繼續向前發展的。面對著大一統的

〔註140〕　《荀子集解・考證》（臺北市：世界書局，2000 年），頁 294。
〔註141〕　《新書校注》（北京市：中華書局，2000 年），頁 214～217。

帝國，而要賦予以運行的軌跡，使其能鞏固、治安；並且要在皇權
專制政治之下，建立人與人的合理關係，使每個人能過著有秩序而
又有諧和的生活，以賈誼爲代表的西漢儒生，便只有集結整理儒家
由戰國中期以來的禮的思想，以作爲法治的根據，及教化的手段與
目標。眞正的法治，只有在禮的政治、社會的精神紐帶中，才可運
行而不匱。《大小戴禮記》的成立，淮南門客特長於言法言禮，司馬
遷著《史記》而特立《禮書》、《樂書》，都是在此一背景之下，約百
年之間，儒生所追求的合理的政治社會的大方向。〔註142〕

不只賈誼，徐復觀尙點出《大小戴禮記》的作者，淮南門客，司馬遷都是同
一復興禮學思潮的儒生代表。荀子理想中的禮治教化在漢代因賈誼諸人而獲
得充分實現，徐復觀在《兩漢思想史》尙就《賈誼新書》〈禮篇〉與〈容經篇〉
的文本作文獻的比對。

　　除了徐復觀指出賈誼與荀子之間的傳承關係，另金谷治、金春峰、內山
俊彥、唐雄山亦有論及。金谷治以爲：「（賈誼）從先秦的儒家思想，尤其是
荀卿，獲益甚多，有鑑於秦的統治體制與漢初的現狀，賈誼在重新運用禮學
思想時，以適應新情勢的中央集權性國家體制爲目標。」〔註143〕金春峰言：「賈
誼希望在漢代以荀子《禮論》思想爲藍圖，建立起地主階級的禮治的等級秩
序井然不紊的社會。荀子的《禮論》思想成爲賈誼建設社會秩序的基本指導
思想。」〔註144〕內山俊彥表示：「思想家賈誼以儒家爲主，採納了道家思想，
加入法家思想，在政治思想方面兼具『仁義』與『法制』，……指出政治、社
會秩序的人爲性，訂定『經制』（恆常的制度）以確立秩序。這裡有荀子政治
思想的影響。……（賈誼）重視習慣、教育也繼承荀子『性惡』學說。」〔註
145〕唐雄山的著作專論賈誼的禮治思想，全書之末總結曰：「賈誼承傳了儒家
的思想，將禮的起源由先王、人性進一步上推到道。」〔註146〕

　　除了賈誼之外，在漢代需談董仲舒如何發揮荀子思想。

〔註142〕徐復觀：《兩漢思想史》（臺北市：臺灣學生書局，1979 年），頁 139～140。
〔註143〕金谷治：〈賈誼と賈山と經典學者たち──漢初儒生の活動（二）〉《東洋の文化と社會》，第 6 集（1957 年 12 月），頁 34。
〔註144〕金春峰：《漢代思想史》（北京市：中國社會科學出版社，1987 年），頁 91。
〔註145〕內山俊彥：《荀子》（東京市：講談社，1999 年），頁 226～227。
〔註146〕唐雄山：《賈誼禮治思想研究》（廣州市：中山大學出版社，2005 年），頁 296。

> 道者，所繇適於治之路也，仁義禮樂皆其具也。故聖王已沒，而子
> 孫長久安寧數百歲，此皆禮樂教化之功也。王者未作樂之時，乃用
> 先王之樂宜於世者，而以深入教化於民。教化之情不得，雅頌之樂
> 不成，故王者功成作樂，樂其德也。樂者，所以變民風，化民俗也；
> 其變民也易，其化人也著。故聲發於和而本於情，接於肌膚，臧於
> 骨髓。故王道雖微缺，而筦絃之聲未衰也。〔註147〕

本段文字似曾相識，與荀子〈禮論篇〉、〈樂論篇〉的內容幾乎雷同。聖王已
遠，後代子孫仰賴聖王所製作的禮樂教化而得長治久安。他將孔孟荀三人的
思想精華以「仁義禮樂」名之，扣住這個核心概念作爲在漢代爲政施仁的根
本。

除了賈誼、董仲舒之外，司馬遷《史記》亦可見紹續荀子思想的蹤跡。
司馬遷在《史記》中首先將孟子與荀子並列，撰有〈孟子荀卿列傳〉。〈太史
公自序〉說明此傳寫作動機爲：「獵儒墨之遺文，明禮義之統，紀絕惠王利端，
列往世興衰，作〈孟子荀卿列傳〉第十四。」〈孟子荀卿列傳〉是一篇戰國學
術史，司馬遷從戰國學術史的脈絡將孟子與荀子二人並稱。〔註148〕這份出自
史家的記載是後代論荀最原始的資料。然而饒富意義者厥爲核對司馬遷《史
記・禮書》、《史記・樂書》〔註149〕，班固《漢書・禮樂志》〔註150〕與《荀子・
禮論篇》、《荀子・樂論篇》，文字相同之處所在多有，從中可見司馬遷與班固
這兩位漢代史家對於周代禮樂有一脈相承的文化嚮往。

以下容我們引用一則尼微遜（David S. Nivision）對於宋代歐陽修《新唐
書》的研究：

> 自三代而上，治出於一，而禮樂達於天下。由三代而下，治出於二，
> 而禮樂爲虛名。

歐陽修就是如此地寫在「新唐書」的「禮樂志」的序論之首的。他
這警句是什麼意思呢？他解釋道：在古代，一切人類的生活細節皆
爲省檢標準的設立以及儀禮和禮器的設計所安排。在他的流布遐邇
的「本論」中，歐陽修親切地詳述著這個古代的儀禮烏托邦：

〔註147〕《漢書》（臺北市：明倫出版社，1972 年），頁 2499。
〔註148〕《史記三家注》（臺北市：漢京文化事業有限公司，1981 年），頁 1358。
〔註149〕《史記三家注》（臺北市：漢京文化事業有限公司，1981 年），頁 458～487。
〔註150〕《漢書》（臺北市：明倫出版社，1972 年），頁 1027～1075。

昔堯舜三代之爲政，設爲井田之法，籍天下之人，計其口，而皆授之田。凡人之力能耕者，莫不有田而耕之。欲以什一，差其征賦，以督其不勤，使天下之人力皆盡於南畝而不暇乎其他。然又懼其勞且怠而入於邪僻也，於是爲置牲牢、酒醴以養其體弦，飽俎豆以悅其耳目，於其不耕體力之時而教之以禮。

狩禮、婚喪禮、飲禮，以及射禮之被設立，「非徒以防其亂，又因而教之，使知尊卑長幼，凡人之大倫也。」

制度和典禮皆爲人類生活的每一細節以及每一需要所設，而且還加以美化，使人能夠享受他們並且輕易地接納它們；在如此的方式下，人有表達他們的自然衝動地餘地，但必須以節制的以及秩序的方式出之。然而，這些賢君們仍恐他們之作爲有所不足之處；於是他們在政府以及社會的每一階層設立學校，「擇民之聰明者而習焉，使相告語而誘勸其愚墮。」於是從狂想中醒轉過來的歐陽修遂歡呼道：「鳴呼！何其備也！」

對「新唐書」中的歐陽修來說，「禮」不只是聖人治民的中心部分，他們是一切，從井田制度以及什一之稅到師生之制定行爲。在黃金時代，治術並非是將非人的行爲規律套到人民頭上，而是憑提供一豐富的家庭生活模式之叢結，以及教民喜愛這些模式，來給予「善」字以意義。統治與給予道德教誨爲同一事物：「治」與「教」是相同的，統治者的道德教誨之容易把握，以其從不抽象之故，而時常指向最爲熟稔之事物——蓋人民之所作所爲無非皆爲禮之一部份。〔註 151〕

時至宋代，距離荀子的年代已經非常遙遠，歐陽修文中亦未提及荀子，但尼微遜這段文字置諸司馬遷與班固的〈禮書〉、〈樂書〉及〈禮樂志〉之後，其間承傳的脈絡清晰可見，此處似乎透露出一則耐人尋味的訊息：談荀子的思想在後代的衍繹，不當只在子書或荀子注疏中求，以其精髓爲主張邅勉勸學與禮樂教化而言，正史中的禮樂志是否亦可視爲荀學流亞？如果這條脈絡是合法的，那麼荀學對後代的影響份量吾人須審慎重新評估。

〔註 151〕尼微遜（David S. Nivision）等著：《儒家思想的實踐》（臺北市：臺灣商務印書館，1980 年），頁 4～5。

伍、小結

內聖工夫與外王的禮樂事業相爲表裏。周公制禮作樂爲後人所稱頌，這是遠古時代最合宜的文明秩序。孔孟試圖解決僭越現象，即如何讓禮樂形式與內容相符應，換個表達方式可以說是君君、臣臣的正名問題。孔孟提出的方法是返回理性自覺與先驗善性，彰顯禮樂的內在精神，但只有內容與形式雙美，似乎仍然不能完全解決至荀子之時所面臨的實況。

孔子由仁德內在、孟子由性善超越來充實禮儀形式，如果此法奏效，理應帶來長治久安，但爲何中土爭戰愈演愈烈，這不由得讓荀子重新整理整個命題，他從中土爭亂的現象倒回去推測人生而有欲導致在上位者野心勃勃、互相兼併，如此才能順理成章解釋眼前現象，但他的重點不在於譴責人生而有欲，所以他沒有放棄仁德內在、性善先驗，而在於如何安排人間的文明秩序。結合第三章的內聖結構，我們可以得知荀子以爲凡聖皆秉有人之常情，聖人因能虛壹而靜得大清明心，能化性起僞，能不已積學，故能制禮作樂，眾人與聖人的差別只在於是否願意積學禮義。人生而有欲，在荀子不是全稱命題，而是特稱命題，人生而部分有欲，但也有美好的部分，荀子非常隱微地保留內在仁德與先驗善性，但凸顯人生而有欲不一樣的人性假設，如此才能名正言順加上層層工夫修養的要求，企圖重新安排次第，再一次重振先王禮樂。

荀子在〈勸學篇〉以「學」爲人獸之別，「爲之人也，舍之禽獸也。爲之與捨之隨人自覺。所學爲何？終乎讀禮。荀子人間的禮義在〈禮論篇〉中可見欲重新安排互相成全的文明秩序，其內涵包括以分與養來調節人天生的性情本能、注重天地君親師之本根、強調節文貴本始以及動態的平衡調理，調理得宜，可次第開展出荀子理想中的天地境界。荀子思想的邏輯性強，系統性高，原典並未出現縱貫全篇的道論，道論係隱藏於〈禮論篇〉之中，是故討論荀子共理之禮即是討論荀子之道。孔孟論禮至荀子成一完備的禮學，荀子以此非十二子，亦以此影響後世。

佐藤將之從較寬廣東亞社會的角度，來看荀子禮學的重要。他以爲學者大多同意在東亞社會和制度中，「禮」是關鍵因素，但是將「禮」提升至理論層面是荀子，也就是荀子論禮的影響不只對漢代之後的中國居功厥偉，甚至對於東亞鄰近國家的影響力也不容小覷。〔註152〕

〔註152〕佐藤將之：〈第五章二十一世紀荀子思想研究的意義與前景〉，《荀學與荀子思想研究：評析・前景・構想》，台北：萬卷樓圖書公司，2015年。

第三節　由墨子〈非樂〉諸篇看荀子〈樂論篇〉

荀子的〈樂論〉原來是一篇回應文章，如果不從墨子的〈非樂〉等相關篇章解讀，便無法理解〈樂論〉的撰寫緣起，無法抉發字裏行間的言外之意。筆者曾撰文討論，[註153] 然該文以墨子說音樂之樂器、聽眾、演奏者、歷史與本質諸項為經，墨荀意見比較為緯，此處嘗試另闢蹊徑，直接陳述雙方論點，兩相對照，期望能樸素而完整看出論辯途轍。

本文以墨荀論樂為基礎，綜合勾連荀子各相關篇章，雖然以〈非樂〉為主，但不廢其他相關篇章，則可為雙方建構一個深廣的音樂理論，或者更準確的說是文明理論。暫且按下表面論證形式的不完整，透過詮釋的方式來彌補，我們可以重新鉤勒出雙方音樂理論內在豐富的義蘊。基本上墨子是直接面對他所身處的經驗世界，希望解決眼前的民之三患，荀子不為失序的經驗世界所限，在墨子所指陳的廢墟之中，紹續儒家孔孟論樂的傳統，借音樂論述開展可大可久的理性思想，重建音樂殿堂。

壹、墨子之〈非樂篇〉

墨子的基源問題是希望在混亂的經驗世界解決燃眉之急，〈非樂〉與〈薄葬〉角度相同，都在討論他親眼目睹的民有三患，但傳統禮樂文明形式過剩實在無法解除民之三患所衍生的種種問題。墨子在〈非樂〉一篇從宗法制度之下音樂活動諸項要素逐步談起，結論是音樂活動會讓全國上下淪於不事生產、無益國計民生，他對音樂活動知之甚詳，提供一套討論音樂的架構，論證堅實，但全面非樂。《墨子》雖非墨子本人所著，然墨者的邏輯概念清晰，文字傳至弟子筆下仍然鏗鏘有力。

何謂音樂？墨子所談的音樂不是私領域個人欣賞的純音樂，而是行之於君臣上下之間的公眾音樂，且音樂是指耳目感官享受。私領域的音樂欣賞屬個人行為牽涉範圍不廣，不易引起爭議，但是由個人音樂欣賞擴至公共領域

[註153] 夏春梅：〈從《墨子》〈非樂〉談《荀子》〈樂論〉〉，《輔大中研所學刊》第 19 期（2008 年）。接著拙文之後，2014 年有陳昭瑛亦及墨荀樂論。見氏著：〈荀子的音樂思想：從宇宙論到公共感性的形成〉，《林文月先生學術成就與薪傳國際 學術研討會論文集》，臺北市：國立臺灣大學中國文學系，民 103.05。筆者於文末推得荀子論樂有內在天地，在陳文中列為標題，由宇宙論談荀子的音樂思想。

之後的利弊得失容易引起爭端與討論，是以形成公共議題。荀子與墨子相同皆把音樂活動由私領域的個人欣賞提昇到公眾領域的層次加以討論，他們談的是在宗法制度之下的音樂。只是這音樂是否爲勞民傷財的感官享受則荀子與墨子所言略有歧義。

一、立論前題

墨子樹立論辯的判準是仁人行事當興天下之利、除天下之害，不應爲目之所美、耳之所樂、口之所甘、體之所安等物質享受而左右。

> 子墨子言曰：「仁之事者，必務求興天下之利，除天下之害，將以爲法乎天下，利人乎，即爲；不利人乎，即止。」〔註154〕

墨子〈非命〉論證三表法有本之者，有原之者，有用之者。第一項是上本之於古先聖王之事，第二項考察百姓耳目的實際見聞，第三項爲以國家百姓人民之利作爲施政的權衡標準，利則行之，害則禁之。〔註155〕

> 是故子墨子之所以非樂者，非以大鍾鳴鼓，琴瑟竽笙之聲，以爲不樂也；非以刻鏤文章之色，以爲不美也；非以犓豢煎炙之味，以爲不甘也；非以高臺厚榭邃野之居，以爲不安也。雖身知其安也，口知其甘也，目知其美也，耳知其樂也，然上考之不中聖王之事，下度之不中萬民之利，是故子墨子曰：「爲樂非也。」〔註156〕

鳴鐘擊鼓是快樂的，刻鏤文章是賞心悅目，犓豢煎炙是美味可口，高臺厚榭是安然可居，然四者不只未中萬民之利，尚且不中聖王之事，是以墨子非樂。墨子將音樂定位成與犓豢煎炙、高臺厚榭邃野之居皆爲耳目感官之物質享受同等級。

二、非樂論點

（一）今民有三患不宜爲樂

有了興利除弊的基本判準，墨子描述他所在的經驗世界爲「饑者不得食，寒者不得衣，勞者不得息」一幅民不聊生的景象：

> 民有三患：饑者不得食，寒者不得衣，勞者不得息，三者民之巨患也。……今有大國即攻小國，有大家即伐小家，強劫弱，眾暴寡，

〔註154〕 〈非樂〉，《墨子閒詁》（臺北市：華正書局，1987年），頁226～227。
〔註155〕 〈非命〉，《墨子閒詁》（臺北市：華正書局，1987年），頁240～241。
〔註156〕 〈非樂〉，《墨子閒詁》（臺北市：華正書局，1987年），頁227。

　　詐欺愚，貴傲賤，寇亂盜賊並興，不可禁止也。然即當爲之撞巨鍾，
　　擊鳴鼓，彈琴瑟，吹竽笙，而揚干戚，天下之亂也，將安可得而治
　　與？即我未必然也。……是故子墨子曰：「爲樂非也。」〔註157〕

音樂本身未必有是非對錯，但眼見民有三患而歌舞昇平，身處爭戰而鐘鼓齊鳴，此皆無益於興天下之利，是故墨子非之。

（二）從造樂器談流弊

　　墨子非樂的價值在於他並非泛泛論樂，而是對於整個音樂活動瞭若指掌之下，一一提出值得討論的角度並指陳個中流弊：

　　今王公大人，雖無造爲樂器，以爲事乎國家，非直掊潦水拆壤坦而
　　爲之也，將必厚措斂乎萬民，以爲大鍾鳴鼓琴瑟竽笙之聲。古者聖
　　王亦嘗厚措斂乎萬民以爲舟車，既以成矣，曰：「吾將惡許用之？」
　　曰：「舟用之水，車用之陸，君子息其足焉，小人休其肩背焉。」故
　　萬民出財，齎而予之，不敢以爲慼恨者，何也？以其反中民之利也。
　　然則樂器反中民之利亦若此，即我弗敢非也。然則當用樂器，譬之
　　若聖王之爲舟車也，即我弗敢非也。〔註158〕

他在全文反復重申三表法的「中聖王之事」、「中萬民之利」，古者聖王也曾經因爲製造舟車對萬民課徵稅賦，墨子以爲如果今日之王公大人製造樂器能讓百姓有君子息其足，小人休其肩的利益，他也不敢非樂。但勞師動眾製作「大鍾、鳴鼓、琴瑟、竽笙」等等宮廷樂器，皆非小額經費而需要耗費鉅資，墨子不從純粹音樂，而是站在民生經濟的立場質疑眾人製作的利益是否與舟車同等。

　　我們可以由史料窺見製作鐘鼓樂器所耗費的民力財力，或許可作爲了解墨子非樂的另一側面。《呂氏春秋》〈仲夏紀‧侈樂篇〉也提到「宋之衰也，作爲千鍾；齊之衰也，作爲大呂。」〔註159〕〈慎大覽‧權勳〉記載：「中山之國有厹繇者，智伯欲攻之而無道也，爲鑄大鐘，方車二軌以遺之，厹繇之君將斬岸堙谿以迎鐘，……至衛七日而厹繇亡。」〔註160〕另外一九八七年在湖北隨縣擂鼓墩出土的曾侯乙墓所見一百二十四件樂器，數量多、規模大、品

〔註157〕〈非樂〉，《墨子閒詁》（臺北市：華正書局，1987年），頁228～229。
〔註158〕〈非樂〉，《墨子閒詁》（臺北市：華正書局，1987年），頁227～228。
〔註159〕〈仲夏紀‧侈樂篇〉，《呂氏春秋》（臺北市：臺灣中華書局，1971年），頁5。
〔註160〕〈慎大覽‧權勳〉，《呂氏春秋》（臺北市：臺灣中華書局，1971年），頁6。

類齊全，可做爲觀摩戰國時期大型樂隊地下考古資料的實物佐證。〔註161〕

（三）從音樂演奏談流弊

耗費鉅資打造樂器之後，必須遣人演奏樂器，否則王公大人廳堂之中的大鐘也不過如倒懸之鼎：

> 今王公大人，唯毋處高臺厚榭之上而視之，鍾猶是延鼎也，弗撞擊將何樂得焉哉？其說將必撞擊之，惟勿撞擊，將必不使老與遲者，老與遲者耳目不聰明，股肱不畢強，聲不和調，明不轉朴，將必使當年，因其耳目之聰明，股肱之畢強，聲之和調，眉之轉朴。使丈夫爲之，廢丈夫耕稼樹藝之時；使婦人爲之，廢婦人紡績織紝之事。今王公大人，唯毋爲樂，虧奪民衣食之財以拊樂如此多也。是故子墨子曰：「爲樂非也！」〔註162〕

然而演奏音樂需要「耳目之聰明，股肱之畢強，聲之和調，眉之轉朴」才有可觀，如此非差遣壯年男女不可，如果差遣青壯人口去演奏音樂則荒廢耕稼樹藝，無益國計民生。

墨子從生產與演奏關係來討論乍看實屬無稽，然而經過細審可能並非無的放矢，我們在《周禮》〈春官・大司樂〉之中可以看見樂官的編制有「大師」、「小師」、「瞽矇」、「眡瞭」皆爲弱視或盲者，楊蔭瀏在《中國古代音樂史稿》提及：

> 除了旄人所屬的民間樂舞團體人數無定，不能計算外，明確的定額爲一千四百六十三人。……在一千四百六十三人中，除了少數的低級貴族，有一千二百七十七人是屬於奴隸或殘障者（胥、徒、上瞽、中瞽、下瞽、眡瞭、舞者）。可見在宮廷音樂機構中創作和表演的主要力量是那些無法從事生產活動的活動者。〔註163〕

陳萬鼐補充解釋：

> 國家音樂院不能容納國家所有盲人，而其餘盲者，但也都屬大司樂中「大師」級所編管，這個機構頗相當盲人生活就業輔導中心。……以上四類人員（大師、小師、瞽矇、眡瞭）合稱瞽矇，

〔註161〕譚維四：《曾侯乙墓》（北京市：文物出版社，2001年），頁90～106。

〔註162〕〈非樂〉，《墨子閒詁》（臺北市：華正書局，1987年），頁229～230。

〔註163〕楊蔭瀏：《中國古代音樂史稿》（臺北市：丹青圖書有限公司，1985年），頁31～32。

包括音樂教師及技術人員，人數達六百之眾，爲國家樂團主幹。
〔註164〕

在周代的禮樂制度之中，包含一批爲數眾多的視障盲人，這是一項非常特殊的設計，把原先應該消費的人口，經過善加運用轉爲國家音樂院的重要組成，如果墨子面對〈大司樂〉當中對於盲人的職能再訓練，應該也會同意，只是今古對照，墨子所提到這些處在厚樹隧野的王公大人去古制遠矣。

（四）從音樂欣賞談流弊

既已耗費鉅資打造樂器，差遣原本應該從事生產的人口去演奏樂器尚且不足，音樂是需要被聽眾欣賞，所以繼之而起必有國君偕同上下音樂欣賞：

> 今大鐘鳴鼓琴瑟竽笙之聲既已具矣，大人鏽然奏而獨聽之，將何樂得焉哉？其說將必與賤人，不與君子。與君子聽之，廢君子聽治，與賤人聽之，廢賤人之從事。今王公大人惟毋爲樂，虧奪民之衣食之財以拊樂如此多也。是故子墨子曰：「爲樂非也！」〔註165〕

在上位者如果偕君子同聽，則廢君子之治，如果偕百姓同聽，則百姓無法從事耕織，爲了音樂欣賞讓君子與百姓皆無法正常作息，所以墨子反對。

不從民之三患對墨子做一同情的理解，非樂種種見解將容易變成違反基本常識的荒謬言論。墨子思想的基本關懷點是眼前因戰亂而流離失所的萬民百姓，他們面對寇盜並興烽火四起只能先擱下鐘鼓琴瑟，因爲戰爭時期國家不能倚靠音樂來救亡圖存。

其實在周代禮樂制度當中也有禁止用樂的場合。〔註166〕例如《禮記》〈曲禮〉載有居喪不言樂：「居喪未葬，讀喪禮；既葬，讀祭禮，喪復常，讀樂章。居喪不言樂，祭事不言凶。」〔註167〕《周禮》有歲凶不言樂：「凡日月食、四鎮五嶽崩、大傀異災、諸侯薨，令去樂。大札、大凶、大災、大臣死，凡國之大憂令弛縣。」〔註168〕墨子的非樂論點在傳統的禮樂制度中似乎也可以尋得些許依據。

〔註164〕陳萬鼐：〈中國上古時期的音樂制度（西元前11世紀至前221年）試釋「古樂經」的涵義〉，《東吳文史學報》第4期（1990年），頁42。
〔註165〕〈非樂〉，《墨子閒詁》（臺北市：華正書局，1987年），頁230～231。
〔註166〕楊華：《先秦禮樂文化》（湖北教育出版社，1997年），頁107～110。
〔註167〕〈曲禮下〉，《禮記》（臺北市：藝文印書館，1985年），頁74。
〔註168〕〈春官宗伯・大司樂〉，《周禮》（臺北市：藝文印書館，1985年），頁345。

（五）從大型樂舞表演談流弊

如果音樂不只耗費鉅資打造樂器，調遣生產人口演奏樂器，國君偕同上下一起欣賞音樂，尚且擴大演奏規模與參與人數，則流弊莫此為甚，墨子舉史上所載的萬舞為例。史上最為勞民傷財的大型音樂演出無出萬舞之右者，墨子置於反對音樂諸項因素之末：

> 昔者齊康公興樂萬，萬人不可衣短褐，不可食糠糟。曰食飲不美，面目顏色不足視也，衣服不美，身體從容醜羸，不足觀也。是以食必粱肉，衣必文繡，此掌不從事乎衣食之財，而掌食乎人者也。是故子墨子曰：「今王公大人，惟毋為樂，虧奪民衣食之財，以拊樂如此多也。」是故子墨子曰：「為樂非也！」〔註169〕

為了為數眾多的萬人在舞台上光采奪目的演出，勢必侵佔人民基本的生活所需。

（六）小結

綜上而言，整個音樂欣賞若達顛峰狀態其結果將是王公大人、士君子、農夫、婦人全國上下皆耽誤各自基本職守與生計，〈非樂〉原文不長，但本段極盡篇幅、運用連綿排比修辭描寫一副諸事荒廢的景象：

> 今人固與禽獸麋鹿蜚鳥貞蟲異者也。今之禽獸麋鹿蜚鳥貞蟲，因其羽毛以為衣裘，因其蹄蚤以為絝屨，因其水草以為飲食。故唯使雄不耕稼樹藝，雌亦不紡積織紝，衣食之財固已具矣。

墨子以為人與飛禽走獸的相異處在於禽獸謀生無虞而衣食之財已具，然而在人類世界卻不能省略男耕女織。

> 今人與此異者也，賴其力者生，不賴其力者不生。君子不強聽治，即刑政亂，賤人不強從事，即財用不足。〔註170〕

王公大人、士君子、農夫與婦人上下原應分工合作各有職司。

> 今天下之士君子，以吾言不然，然即姑嘗數天下分事，而觀樂之害。王公大人，蚤朝晏退，聽獄治政，此其分事也，士君子竭股肱之力，殫其思慮之智，內治官府，外收斂關市山林澤梁之利，以實倉廩府庫，此其分事也。農夫蚤出暮入，耕稼樹藝，多聚叔粟，此其分事也。婦人夙興夜寐，紡績織紝，多治麻絲葛緒絅布縿，此其分事也。〔註171〕

〔註169〕〈非樂〉，《墨子閒詁》（臺北市：華正書局，1987年），頁231～232。
〔註170〕〈非樂〉，《墨子閒詁》（臺北市：華正書局，1987年），頁232～233。
〔註171〕〈非樂〉，《墨子閒詁》（臺北市：華正書局，1987年），頁233～234。

如果王公大人耽溺音樂，將造成宗法結構之內的各個成員無法善盡本份。音樂原來可以是私領域的個人活動，但此時卻演變成結構性的混亂。

> 今惟毋在乎王公大人說樂而聽之，即必不能蚤朝晏退，聽獄治政，是故國家亂而社稷危矣。今惟毋在乎士君子說樂而聽之，即必不能竭股肱之力，殫其思慮之智，內治官府，外收斂關市山林澤梁之利，以實倉廩府庫，是故倉廩府庫不實。今惟毋在乎農夫說樂而聽之，即必不能蚤出暮入，耕稼樹藝，多聚叔粟，是故叔粟不足。今惟毋在乎婦人說樂而聽之，即不必能夙興夜寐，紡績織紝，治麻絲葛緒細布縿，是故布縿不興。曰：孰為大人之聽治而廢國家之從事？曰：樂也。是故子墨子曰：「為樂非也！」。〔註172〕

回到本篇前提仁人行事要興天下之利，要解民之三患，不應為目之所美、耳之所樂、口之所甘、體之所安，綜合前面數項流弊所帶來全面性的混亂觀之，墨者的結論是反對音樂活動。

（七）史上殷鑑

除了針對當前景況民有三患，指出樂器製作、音樂演出、音樂欣賞以及大型樂舞表演為宗法制度之下的君臣上下的實際生活帶來重大斲傷，墨子還回溯歷史旁徵博引湯之官刑、〈黃徑〉與〈武觀〉指出音樂之害殷鑑不遠。

> 何以知其然也？曰：先王之書，湯之官刑有之，曰：「其恒舞于宮，是謂巫風。其刑君子出絲二衛，小人否，似二伯。」〈黃徑〉乃言曰：「嗚乎！舞佯佯，黃言孔章，上帝弗常，九有以亡，上帝不順，降之百祥，其家必壞喪。」察九有之所以亡者，徒從飾樂也。於《武觀》曰：「啟乃淫溢康樂，野于飲食，將將銘莧磬以力，湛濁于酒，渝食于野，萬舞翼翼，章聞于大，天用弗式。」故上者天鬼弗戒，下者萬民弗利。是故子墨子曰：「今天下士君子，請將欲求興天下之利，除天下之害，當在樂之為物，將不可不禁而止也。」〔註173〕

這一段是有別於六代樂舞，從另一個角度回顧夏商時期的音樂。夏桀之時縱情聲樂享受，《管子》〈輕重〉留有記錄曰：「昔者桀之時，女樂三萬人，端譟晨樂聞於三衢……」〔註174〕商湯伐桀之後引以為鑑，是以對恆舞於宮制定罰

〔註172〕〈非樂〉，《墨子閒詁》（臺北市：華正書局，1987年），頁234。
〔註173〕〈非樂〉，《墨子閒詁》（臺北市：華正書局，1987年），頁234～238。
〔註174〕〈輕重甲第八十〉，《管子》（臺北市：臺灣商務印書館，1956年），頁92。

責。「湯之官刑有之」此段文字見於《尚書》〈伊訓〉:「制官刑,儆於有位,曰:『敢有恒舞於宮,酣歌於室,時謂巫風。』」〔註175〕萬舞爲宮廷大型樂舞表演,墨子以爲類似萬舞洋洋翼翼如此盛大規模的音樂舞蹈演出,一定會上達天聽,這種浮華奢靡的音樂曾讓九州滅亡,上天必不以此驕奢逸樂爲尚,希望眾人引古史爲鑒。

墨子也曾正面思考琢磨儒家最關心的禮樂問題,在〈三辯〉諸篇引經據典,回顧古聖先王如何安排禮樂教化的先後順序:

> 子墨子曰:「昔者堯舜有茅茨者,且以爲禮,且以爲樂;湯放桀於大水,環天下自立以爲王,事成功立,無大後患,因先王之樂,又自作樂,命曰〈護〉,又脩〈九招〉;武王勝殷殺紂,環天下自立以爲王,事成功立,無大後患,因先王之樂,又自作樂,命曰〈象〉;周成王因先王之樂,又自作樂,命曰〈騶虞〉。周成王之治天下也,不若武王;武王之治天下也,不若成湯;成湯之治天下也,不若堯舜。
> 故其樂逾繁者,其治逾寡。自此觀之,樂非所以治天下也。」〔註176〕

墨子以爲由古聖先王的史事看來,禮樂可存,然彼時先有茅茨可安居之後才製禮作樂,古聖先王是在事成功立才有〈護〉、〈九招〉、〈象〉、〈騶虞〉諸項音樂,所以音樂並非治理天下的必要條件,而且由實際觀察結果可見音樂作品與在位者的功業適成反比。

墨子提出音樂亡國的告誡,安排在〈非樂〉之末,是整篇論述鏗鏘有力擲地有聲的結語。〈公孟篇〉亦言及:「古者三代暴王:桀、紂、幽、厲,薾爲聲樂,不顧其民,是以身爲刑僇,國爲戾虛者,皆從此道也。」是爲音樂亡國論另一佐證。禮樂可以存,但鑑諸史傳有其時間先後,古聖先王是在民無大患以後才開始製作,前後順序,充份必要條件關係不可不查。

(八)反省音樂的本質

但筆者以爲墨者對於音樂最有理趣、也最有建設性的批評不在〈非樂篇〉而見諸〈公孟篇〉。在〈公孟篇〉中墨子討論數項儒者的重要論點,其中便有論及音樂。墨子問儒者:「到底何爲音樂?」在一場論辯當中,定義問題無疑是基準,墨者不只全面非樂,而且從根論起:

〔註175〕〈伊訓〉,《尚書》(臺北市:藝文印書館,1985年),頁115。
〔註176〕〈三辯篇〉,《墨子閒詁》(臺北市:華正書局,1987年),頁36~38。

子墨子問於儒者曰：「何故爲樂？」曰：「樂以爲樂也。」子墨子曰：
「子未我應也。今我問曰：『何故爲室？』曰：『冬避寒焉，夏避暑
焉，室以爲男女之別也。』則子告我爲室之故矣。今我問：『何故爲
樂？』曰：『樂以爲樂也。』是猶曰：『何故爲室』，曰：『室以爲室』
也。」〔註177〕

〈公孟篇〉對於音樂的相關記載似乎讓荀子陷入長考，荀子在〈樂論篇〉中
數度以「夫樂者」、「且樂者」的句法再三反復斟酌定義儒家所重的音樂應該
是何樣貌，這些重重疊疊的筆法顯然其來有自。

貳、荀子之〈樂論篇〉

墨子所指的音樂是指宗法制度之下的廟堂音樂或說公眾音樂。他從音樂
活動的各個面向、搜羅古今並兼及本質定義全面反對音樂，其實理由只有一
項：音樂活動會危及宗法制度之下的國家運作，不只無補眼前民生疾苦，甚
至前朝以音樂亡國的前例所在多有。荀子若要反駁，似乎必須多方證明音樂
可以振奮士氣，能療傷止痛，有助救亡圖存，可反應民生疾苦。在〈樂論篇〉
一文中，我們發現荀子正視墨子的質疑，但採取本質式的思考層層推進，荀
子在正文中一而再、再而三談什麼是音樂，十分在意《墨子》在〈公孟篇〉
的提問。他深知失序的經驗世界，但由本能性情娓娓道來人不能無樂，音樂
興廢轉環的關鍵在於先王可以主導音樂的發展方向，音樂的感染力強卻也可
正可邪，先王可導之禮樂以化性起偽、移風易俗，這份化導是因先王具備大
清明心後靈活的、動態的平衡調理，調理得當在化民成俗之外可有征諸揖讓
之功，最終可達天人合一的境界，他在廢墟中重建音樂殿堂，全面肯定音樂。
荀子不只回應墨子的問題，甚至透過回應諸項質疑建立儒家特有的音樂理
論，這也是儒學中難得一見美學的側面。

荀子〈樂論篇〉已是論證形式，但不如〈非樂篇〉條理井然。學界或因
本篇文字參差，指以爲贋，筆者以爲〈樂論篇〉雖非全書之佳構，而且可能
爲荀子待整理之札記。以〈解蔽〉、〈勸學〉諸篇而言是荀子修潤過的上乘之
作，〈樂論篇〉可能是成段、成篇，文字前後秩序有待安排的初稿筆記，雖是
半成品但寫作仍以荀子獨樹一幟的心性思想爲基礎。學界曾質疑《荀子》〈樂
論篇〉的作者與時代，例如胡適《中國古代哲學史》便持反對意見：

〔註177〕〈公孟篇〉，《墨子閒詁》（臺北市：華正書局，1987 年），頁 420～421。

（《荀子》）又有許多篇，如今都在大戴小戴的書中（如〈禮論〉、〈樂論〉、〈勸學〉諸篇），究竟不知是誰抄誰。〔註178〕

楊筠如也對〈樂論篇〉提出體裁的差異、思想的矛盾以及篇章錯亂等疑點：

> 再如〈樂論〉在荀子書中也要算重要一篇，但是前面的兩大段，都與《禮記》的〈樂記〉大略相同，而第一段在〈樂記〉裏列於最後，託為孔子與賓牟賈的談話。〈樂記〉本為十一篇混雜而成，今〈樂論〉第一段與第二段論樂的次序完全相同，也明為雜湊成功，其後半更為雜亂，除前面所舉的一段韻文以外，又有「吾觀於鄉而知王道之易易也」一段是取的是〈鄉飲酒義〉，《禮記》託為孔子所說，固然未必可信，但是也不能認為荀子的話。因為他確是論〈鄉飲酒義〉，不是論樂，後人因有閒歌合樂幾個字，就把他雜湊在〈樂論〉的後面，這是顯而易見的。

楊氏也認為〈樂論篇〉文字淆亂，且指出原因在於劉向：

> 舊說多認為《禮記》、《詩傳》係取自荀子，且以《史記》的〈禮書〉、〈樂書〉也取於荀子為證。其實史記的《禮》、《樂》兩書，除第一段或為史公原文以外，其餘同於荀書的，大部都為贗鼎，不能和《禮記》、《詩傳》相比。我以為荀子的同於《禮記》、《詩傳》，大概是《禮記》、《詩傳》混入荀子，因為荀子一書的篇次和內容，都是由劉向一手整理的，其時已經在戴韓以後。〔註179〕

吳文璋於《荀子樂論之研究》已逐條反駁，經由詳細比對「論樂之起源」、「論政治興亡與樂之關係」、「論樂對人生之影響」以及「論先王之制樂」四項，可見〈樂記〉係沿續〈樂論篇〉議題而有進一步發揮。〔註180〕文字或許可以誤入，但荀子的思路獨樹一幟，自成體系，無法混淆。吾人甚至可據此看出荀子對《禮記》、《詩傳》的影響。

一、論樂起於欲挽救失序的人間世界

荀子身處的經驗世界並沒有比墨子幸運多少，不只民之三患，更是全面混亂。容我們先回顧孔子所面臨混亂的經驗世界，以見儒門中人一脈相承，

〔註178〕胡適：《中國古代哲學史》（臺北市：臺灣商務印書館，1982 年），第三冊，第十一篇，頁 25。

〔註179〕楊筠如：《荀子研究》（臺北市：臺灣商務印書館，1968 年），頁 19～23。

〔註180〕吳文璋：《荀子樂論之研究》（臺南市：宏大出版社，1992 年），頁 17～24。

但同中有異的文化使命。荀子不是一個人面對墨子談音樂，而是回到儒家孔孟的傳統重新檢擇汲取養份，進而完成他的音樂思想系統。孔子論樂涉及個人私領域的音樂，但更重要的是公眾領域的音樂，在孔子所推崇的周代製禮作樂全盤文化政策當中，音樂是不可或缺的一部份，所以說孔子是站在宗法制度之下談音樂，因為是放在宗法制度下的音樂，是以孔子對於違反尊卑貴賤的僭越期期以為不可。〔註181〕

在荀子論樂幾乎已經不談僭不僭越的問題，因為那已經是無法可談的亂世：

> 亂世之徵：其服組，其容婦。其俗淫，其志利，其行雜，其聲樂險，
> 其文章匿而采，其養生無度，其送死瘠墨，賤禮義而貴勇力，貧則
> 為盜，富則為賊；治世反是也。〔註182〕

論者或以本段為錯簡，與上下文意不甚相契，但筆者主張或許全文段落順序有些錯落，但本段正是荀子所處經驗世界的寫照。

《孟子》全書論樂處不多，所論的與民同樂頗能呼應墨子所關心的民之三患：

> 臣請為王言樂。今王鼓樂於此，百姓聞王鐘鼓之聲、管籥之音，舉
> 疾首蹙頞而相告曰：「吾王之好鼓樂，夫何使我至於此極也？父子
> 不相見，兄弟妻子離散。」今王田獵於此，百姓聞王車馬之音，見
> 羽旄之美，舉疾首蹙頞而相告曰：「吾王之好田獵，夫何使我至於
> 此極也？父子不相見，兄弟妻子離散。」此無他，不與民同樂也。
>
> 〔註183〕

不談樂器、演奏、欣賞、歷史與本質等等變數，孟子論樂重「同樂」，當君臣上下在音樂欣賞之中能同樂，那麼欣賞活動、歷史與本質等相形之下都是次要問題。「同樂」不只點出音樂欣賞當中重要的心理狀態——共鳴，並暗指支撐共鳴心理背後的仁心與仁政。

〔註181〕 「孔子謂季氏：『八佾舞於庭。是可忍也，孰不可忍也。』」〈八佾〉，《論語》
　　　　（臺北市：藝文印書館，1985年），頁84。「三家以雍徹。子曰：『「相維辟公，
　　　　天子穆穆。」奚取於三家之堂？」〈八佾篇〉，《論語》（臺北市：藝文印書館，
　　　　1985年），頁85。
〔註182〕 《荀子集解・考證》（臺北市：世界書局，2000年），頁355。
〔註183〕 〈梁惠王下〉，《孟子》（臺北市：藝文印書館，1985年），頁29。

二、主張音樂是人情之常，不可廢

墨子音樂亡國的諸項論點正是前文討論荀子思想中原始本能泛濫之後的流弊。面對墨子振振有辭的評議，荀子開展許多墨子在音樂活動中未曾論及的面向，全文第一句是從墨子未提及的人性角度主張即使曾經亡國，但音樂是人情之常，不可廢。對於音樂的起源有多種說法，或源於「太一」、或源於山林溪谷大自然、或源於先王、或源於巫術，〔註184〕荀子則進入人心內在，將音樂定位成源於人心內在的七情六欲喜怒哀樂，發於聲音，形於動靜。第一句便讓音樂先立於不敗之地，再娓娓道來他的新構想。

> 夫樂者、樂也，人情之所必不免也。故人不能無樂，樂則必發於聲音，形於動靜；而人之道，聲音動靜，性術之變盡是矣。故人不能不樂，樂則不能無形，形而不為道，則不能無亂。〔註185〕

面對墨子洋洋灑灑的指控，荀子沒有停留在音樂的個別現象，並不順著墨子的思路趕忙舉證音樂如何紓解民生疾苦，而是隨著孔孟的思路潛入內在基礎來思考。

孔子時禮已崩、樂已壞，在禮崩樂壞之際，他跳開外在形式開始思考禮樂的內在基礎為何？「禮云禮云，玉帛云乎哉？樂云樂云，鐘鼓云乎哉？」〔註186〕孔子所強調的禮樂教化不只是玉帛與鐘鼓，那麼在玉帛與鐘鼓之外禮樂還可以談什麼呢？「人而不仁，如禮何？人而不仁，如樂何？」〔註187〕禮樂或說宗法制度之下的理想文化，其重點不是外在形式或物質，而是內在的仁愛精神。孟子的進路與孔子相近：

> 孟子曰：「仁之實，事親是也；義之實，從兄是也。智之實，知斯二者弗去是也；禮之實，節文斯二者是也；樂之實，樂斯二者，樂則生矣；生則惡可已也，惡可已，則不知足之蹈之、手之舞之。」
> 〔註188〕

孟子是從宗法制度的親親道德層面開展喜怒哀樂的感官情性面。荀子論樂也從內在根源開始思考，但不再繼續談親親仁心，而是從經驗界的原始性情為

〔註184〕 楊蔭瀏：《中國古代音樂史稿》（臺北市：丹青圖書有限公司，1985年），頁3。
〔註185〕 《荀子集解・考證》（臺北市：世界書局，2000年），頁349。
〔註186〕 〈陽貨篇〉，《論語》（臺北市：藝文印書館，1985年），頁156。
〔註187〕 〈八佾篇〉，《論語》（臺北市：藝文印書館，1985年），頁26。
〔註188〕 〈離婁上〉，《孟子》（臺北市：藝文印書館，1985年），頁137。

起點自成一套完整的解釋系統。正因如此，解讀〈樂論篇〉不能只從音樂層面，必須與荀子對天生性情的看法、文明的主張兩相結合才能準確看出荀子對於音樂完整的構想。他從「人情之所必不免也」奠定音樂的穩固基礎，我們在〈性惡篇〉從本能性情談人性，人有各式各樣的喜怒哀樂，〈樂論篇〉談「性術之變」即是此一引申。

　　筆者以為性惡篇所談之惡，或有倫理的善惡義，但也有不涉褒貶的粗惡義，此處〈樂論〉所談又是一例。

三、先王惡其亂也，製雅頌之聲以導之

　　荀子認為先王在整個音樂活動中扮演舉足輕重的角色。墨子未論及音樂政策的制定與作曲者有何重要，荀子的先王則是能虛壹而靜具備大清明之心的主體，能主導音樂政策的方向，製作雅頌之聲。重新修正過後的音樂其聲音、歌辭與歌曲可以化導人原來可能泛濫的天生性情，因感動之效而誘發人民之善心，防止邪污之氣入侵，凡此種種都是補墨子論樂之缺。

　　　　先王惡其亂也，故制雅頌之聲以道之，使其聲足以樂而不流，使其
　　　　文足以辨而不諰，使其曲直繁省廉肉節奏，足以感動人之善心，使
　　　　夫邪污之氣無由得接焉。是先王立樂之方也，而墨子非之奈何！
　　　　〔註189〕

荀子看見人的性情本能並採化導調節的態度，天生性情加上音樂設計便成「故人不能不樂，樂則不能無形，形而不為道，則不能無亂。先王惡其亂也，故制雅頌之聲以道之。」所謂化性起偽在此可解讀為用音樂教化來調理原始性情，荀子在論性情與論音樂兩者基調相同。有人情之常無妨，先王秉持清晰分明之心意識制禮作樂以雅頌之聲化導，這層化導從工夫修養來說是化性起偽，從教育上說是勸人向學，在文化上來說即是禮樂教化的耳濡目染、化民成俗，有了這層由內而外的動態漸進的化導工夫，即使有原始本能亦不至於亂。雖然沒有正面回應墨子民生疾苦的扣問，但卻比墨子做了更根源的解決。

　　荀子的樂論在第一段已捻出總綱，改弦更張之後完成綿密的化導與調理。其下只是重複、補充論點、以此類推與反駁墨子對於音樂將瓦解宗法制度的指控。

〔註189〕《荀子集解・考證》（臺北市：世界書局，2000 年），頁 349。

　　墨子在歷史中所選取的典範是殷鑑不遠，荀子所選取的典範是周公製禮作樂。在墨子對於音樂活動的敘述當中因為殷鑑之故，不談音樂政策的制定者的角色對於整個音樂活動可以有主導方向之功，但荀子以為經驗世界可以失序，但不妨礙音樂政策的主導者可以捲土重來。

　　荀子在歷史文化中尋到支持的典範，〈樂論篇〉一文數數引先王為說達十一次，讓我們不得不正視荀子在歷史中所選取的理性典範。不只〈樂論篇〉，荀子一書中也數稱先王，先王所指為製禮作樂之周公，為對此關鍵字做一疏理，我們先上溯孔孟，看他們如何談先王。

　　自孔子便開始建立先王系譜，至孟子完成，由〈禮論篇〉的線索追溯，可知在〈樂論篇〉出現十一次的先王就是周公，詳細討論見上節。堯舜禹之外他所取的是周公製禮作樂之道，〈樂論篇〉談先王之處有十一，可推出先王亦指周公。荀子其書談先王之處所在多有，堯舜禹湯文武成王皆有可能，然〈禮論篇〉、〈樂論篇〉兩篇所舉應為製禮作樂之周公。

　　　　子在齊聞韶，三月不知肉味。曰：「不圖為樂之至於斯也。」〔註190〕

　　　　子謂韶：「盡美矣，又盡善也。」謂武：「盡美矣，未盡善也。」

　　　　〔註191〕

　　　　顏淵問為邦。子曰：「行夏之時，乘殷之輅，服周之冕，樂則韶舞。

　　　　放鄭聲，遠佞人。鄭聲淫，佞人殆。」〔註192〕

在先王系譜之中，孔子似乎與虞舜的韶樂較相應：

　　　　高子曰：「禹之聲，尚文王之聲。」孟子曰：「何以言之？」曰：「以

　　　　追蠡。」曰：「是奚足哉？城門之軌，兩馬之力與？」〔註193〕

而孟子似乎比較推崇文王之樂。由此可見荀子在兼陳諸家中懸衡之時展現了自我選擇。

　　〈樂論篇〉一文再三遙呼先王，與其他篇章相較，這一點頗為特殊。如果承上文的說明並引用第三章內聖思想來解讀〈樂論篇〉中的先王，先王這個認知主體已有耳目感官的沉澱能虛壹而靜至具備大清明之心意識，秉持大清明之心意識進行化性起偽的工夫，即將原始性情欲化導為文明的慮知能偽，進行製作禮樂文明，是為聖人之偽。

〔註190〕　〈述而篇〉，《論語》（臺北市：藝文印書館，1985年），頁61。
〔註191〕　〈八佾篇〉，《論語》（臺北市：藝文印書館，1985年），頁32。
〔註192〕　〈衛靈公〉，《論語》（臺北市：藝文印書館，1985年），頁138。
〔註193〕　〈盡心下〉，《孟子》（臺北市：藝文印書館，1985年），頁252～253。

四、音樂感動人心卻可正可邪

　　荀子承接也正視墨子的提問，他點出音樂本身的濡染特色可正可邪以解釋墨子所遭遇的現象。

　　第五段與第一段、第三段文意間有重出之處，這在墨子的文章章法是不會出現的，所以我們必須略作整理與分類。

　　　夫聲樂之入人也深，其化人也速，故先王謹爲之文。樂中平則民和
　　　而不流，樂肅莊則民齊而不亂。民和齊則兵勁城固，敵國不敢嬰也。
　　　如是，則百姓莫不安其處，樂其鄉，以至足其上矣。然後名聲於是
　　　白，光輝於是大，四海之民莫不願得以爲師，是王者之始也。

　　　樂姚冶以險，則民流僈鄙賤矣；流僈則亂，鄙賤則爭；亂爭則兵弱
　　　城犯，敵國危之如是，則百姓不安其處，不樂其鄉，不足其上矣。
　　　故禮樂廢而邪音起者，危削侮辱之本也。故先王貴禮樂而賤邪音。
　　　其在序官也，曰：「脩憲命，審詩商，禁淫聲，以時順脩，使夷俗邪
　　　音不敢亂雅，太師之事也。」〔註194〕

荀子在此點出音樂本身能快速深入主體感官的濡染特色。孔子以《詩經》爲音樂教材，他以爲學《詩》可以興、觀、群、怨：

　　　子曰：小子何莫學夫《詩》？《詩》可以興，可以觀，可以群，可
　　　以怨。……〔註195〕

詩可以唱，也算音樂教育，音樂教育就是感性調理，興、觀、群、怨這些都是性情上的調理與引導，不只是個人的調埋，也是群體的調理。隨著音樂傳揚對百姓所產生「入」與「化」，先王此一具清晰分明心意識的主體可能不是先前我們所說的認知主體，若要完整解說，荀子所指認知主體有認知理性，是爲道德理性的先決條件，此處可以補充此一認知主體也可以是情意主體，否則無法與入人化人甚深的音樂相應，更遑論製作化人入人甚深的音樂，這入與化是感性的、美感的與清晰分明的概念是分屬不同的範疇，但皆爲主體所具備。

　　音樂感染的功用既深遠而迅速，而且可正可邪。荀子用演繹法由「樂中和」而得「民和齊則兵勁城固，敵國不敢嬰也。」由「敵國不敢嬰」而可得「百姓莫不安其處，樂其鄉，以至足其上矣。」由「足其上矣」而得「名聲

〔註194〕《荀子集解‧考證》（臺北市：世界書局，2000年），頁350～351。
〔註195〕〈陽貨篇〉，《論語》（臺北市：藝文印書館，1985年），頁156。

於是白，光輝於是大，四海之民莫不願得以為師，是王者之始也。」但如果是「樂姚冶以險，則民流僈鄙賤矣；流僈則亂，鄙賤則爭；亂爭則兵弱城犯，敵國危之如是。」彰顯音樂的正反面影響並可見音樂之效無遠弗屆。

我們看見音樂感性的一面，也知道這感性的入與化會帶來亦正亦反的功效，但背後原因為何？

> 凡姦聲感人而逆氣應之，逆氣成象而亂生焉；正聲感人而順氣應之，
> 順氣成象而治生焉。唱和有應，善惡相象，故君子慎其所去就也。
> 〔註196〕

「樂中平」則帶來「民和而不流」；「樂姚冶以險」則導至「民流僈鄙賤矣」這是因為感人的音樂在傳揚時與具有耳目感官的主體相應，在主體與客體一感一應之間便產生可正可邪的效果，所以有雅樂亦有萬舞，先王君子在此際交會處審慎抉擇去取。此說感應與濡染同義，是音樂特有主體與客體之間的接觸擴散效應。

此一威力強大的教化媒介卻是可正可邪，由先王善加導引將如上述可保家衛國，但如果不是「樂中和」而是「樂姚冶以險」，也就是第一段所稱若「使夫邪污之氣得接焉」，這樣的音樂一樣有快速而深入的感染力，但濡染的結果便是「亂爭則兵弱城犯，敵國危之如是」。荀子借由分析音樂的特質及其正反影響，進而解釋墨子指控享受音樂將危及國家安全有其可能性，但是否因為音樂曾有部份危險因素便全盤捨棄，荀子顯然是站在高處宏觀音樂曾經對調理文明所作的貢獻，也進入人心、進入音樂本質微觀，在宏觀與微觀交錯進行之下，他以為理性感性兼具的先王主導音樂取向是一個重要的轉環關鍵，不可輕易言廢。

對於音樂的褒貶，孔子論之甚明：

> 惡紫之奪朱也，惡鄭聲之亂雅樂也，惡利口之覆邦家者。〔註197〕

音樂的功效不只正與邪、鄭聲與雅樂，在正邪二分之中還可以因著各種音樂挑起各種情緒，可以使人心悲、也可以使人心傷、心淫與心莊，是以君子非禮勿視、聽、言、動，在正邪之間審慎行事，小心防護自己的耳目感官，當然最重要的是把持住自己的心知意識。

〔註196〕 《荀子集解‧考證》（臺北市：世界書局，2000年），頁352。
〔註197〕 〈陽貨篇〉，《論語》（臺北市：藝文印書館，1985年），頁157。

故齊衰之服，哭泣之聲，使人之心悲。帶甲嬰冑，歌於行伍，使人
之心傷；姚冶之容，鄭衛之音，使人之心淫；紳、端、章甫，舞韶
歌武，使人之心莊。故君子耳不聽淫聲，目不視邪色，口不出惡言，
此三者，君子慎之。〔註198〕

個人是否能夠把持耳目感官也就是道德修養的具現：

樂者、樂也。君子樂得其道，小人樂得其欲；以道制欲，則樂而不
亂；以欲忘道，則惑而不樂。〔註199〕

人間本有君子小人，君子以道為樂，君子可由音樂修身養性，小人則在音樂
裏放縱性情，始歡樂而以惑亂終。

五、動態的平衡調理——從音樂之和到群體間的濡染效應

先王何以能導之以禮樂，由邪入正的具體內容為何？墨子與荀子論樂重
要的差異在於荀子以為樂是人之常情不可廢，先王能導之以禮樂，此處之導
是指導引與調理，是靈活的動態的平衡和諧。荀子雖然再三定義音樂，但音
樂不是靜態的呈顯，在〈樂論〉中的音樂是動態的，而且是集體的、動態的
耳目肢體感官與心意識的轉化，這份轉化是靈活細膩的平衡調理。

（一）審一以定和

在宗法制度的層級分明，人人各有本份是其優點也是流弊所在，群居的
百姓在這套政治設計之下，縱然可以由原先的混亂失序進而各就各位，然尊
卑上下在層級之間造成隔閡。

故樂在宗廟之中，君臣上下同聽之，則莫不和敬；閨門之內，父子
兄弟同聽之，則莫不和親；鄉里族長之中，長少同聽之，則莫不和
順。故樂者審一以定和者也，比物以飾節者也，合奏以成文者也；
足以率一道，足以治萬變。是先王立樂之術也，而墨子非之奈何！
〔註200〕

段落中一再出現的「和」字，是荀子論樂另一個特色所在，正可彌補過度注
重禮義所造成的人際鴻溝。由宗法層級上下同聽而達到泯除上下界線的「和
敬」、「和親」與「和順」，從音樂上說是共鳴的效用，從荀子的理性思想說是

〔註198〕 《荀子集解・考證》（臺北市：世界書局，2000 年），頁 351～352。
〔註199〕 《荀子集解・考證》（臺北市：世界書局，2000 年），頁 352。
〔註200〕 《荀子集解・考證》（臺北市：世界書局，2000 年），頁 349～350。

動態的平衡調理和諧。李滌生以爲「審一」之一，指音樂的基調。舊以五聲下不過宮，高不過羽，過此皆非所謂和。基調即指宮言，眾聲皆以此爲標準而定其高下。「比物」、謂比合於樂器。此言：音樂是審定一個基調，眾聲以此爲準而求其諧和；再比合於各種樂器，而表現其節奏。於是五聲八音配合演奏，而形成一部諧和的樂章。案：「和」是音樂的本質，「節」是樂的組織，「文」是樂的完成。「文」指五聲八音配合地諧和。〔註201〕什麼是審一以定和，此和是起於樂曲內部的和諧帶來演奏者與聆聽者的共鳴，再借由音樂欣賞而達社會上下和樂融融，這種融融之樂不是外在的制度形式，是感動人心的人文藝術。

所謂的音樂之和有幾個層次，《左傳》〈昭公二十年〉晏子對齊侯舉音樂論爲政曰：

> 先王之濟五味，和五聲，以平其心，成其政也，聲亦如之。一氣、二體、三類、四物、五聲、六律、七音、八風、九歌以相成也。清濁、大小、短長、疾徐、哀樂、剛柔、遲速、高下、出入、周疏以相濟也。君子聽之，以平其心，心平德和，故詩曰：「德音不瑕」。
> 〔註202〕

《左傳》〈昭公二十一年〉有類似記載，泠州鳩諫周景王曰：

> 夫樂，天子之職也；夫音，樂之輿也；而鐘，音之器也，天子省風以作樂，器以鍾之，輿以行之，小者不窕，大者不摧，則和於物，物和則嘉成，故和聲入於耳，而藏於心，心億則樂，窕則不咸，摧則不容，心是以感，感實生疾，今鐘摧矣，王心弗堪，其能久乎？
> 〔註203〕

由《左傳》所見的音樂之和是從人心內在談起。前段所談「審一以定和」審定一個基準音，亦即絕對音高，讓其他音符有和諧的依據，是指樂曲、樂器、樂團音樂內部的和。荀子所強調的音樂效果之「和敬」、「和親」、「和順」是消化傳統經典在〈樂論〉所提出來儒家重要音樂特色。前文由觀眾談音樂、討論鄉飲酒之處已涉及荀子所注重的「和敬」、「和親」、「和順」，就荀子而言，音樂之和乃由內部音樂性走向外部的社會大眾。尹建宏曾就

〔註201〕 李滌生：《荀子集釋》（臺北市：臺灣學生書局，1979年），頁457。
〔註202〕 《左傳》（臺北市：藝文印書館，1985年），頁859～861。
〔註203〕 《左傳》（臺北市：藝文印書館，1985年），頁867。

「和」字討論荀子是就音樂內部或外部來談，也就是「和」屬音樂性或社會性〔註 204〕，排比上舉《左傳》與〈樂論〉，其理路似乎是由人心內在和諧走向音樂內部和諧，再向外開展社會和諧，由倫理性而音樂性而社會性，由裏而外，周全兼備。

有了第一段的理論基礎，荀子以為和諧的宗廟音樂是可以帶來宗法制度各個成員的和睦相處。他反駁墨子所說音樂欣賞將造成王公大人、君子、農夫與婦人皆荒廢生產，造成宗法制度的解體，危及國家存亡。

（二）禮主區分，樂主和合

在周代的禮樂制度中，可見祭禮、饗禮、射禮、軍禮、禱雨、燕居都是施樂的範圍。在〈樂論篇〉一文中，數度禮樂並舉，荀子順著孔子注重內在的思路將禮與樂的特色合併反省，而且自有見解：

> 且樂也者，和之不可變者也；禮也者，理之不可易者也。樂合同，
> 禮別異，禮樂之統，管乎人心矣。〔註 205〕

荀子論樂把樂與禮相提並論，兩者之間各有職司且相輔相成，一者主張宗法制度下的層級需并然有別，一者主張宗法制度下泯除層級後的合一或說和樂融融，宗法制度下的區分讓長幼尊卑各就各位，宗法制度下的和合讓各個認知主體互相成全且合一，但這種合不是萬舞惡名昭彰狂歡泛濫的合一，而是理性與感性比例勻稱的合一。「管乎人心」，指由聖人內在的大清明心意識濡染百姓內在的心意識，借禮樂漸漸化性起偽教導人民成廣大的文化風俗，這是荀子思想中最典型、最重要的動態平衡和諧，兩者不可偏廢，共同構成荀子人文化成思想的一大特色。

前言學界多用「禮義之統」來描述荀子思想的特點，以「禮義之統」名之或許可準清晰分明的概念將荀子思想由裏而外、由上到下鉤勒出完整的架構，但荀子思想的細膩處即在於他的確建構了一套完整的系統，但這個系統不是靜止的，而是流動的、是有彈性的、是不斷調理斟酌的立體動態過程。不只有前文所說的認知理性、認知理性所帶動的道德理性，這個主體在理性之外很明顯的還有感性、甚至靈性的面向，如此才能循序漸進去安撫調理騷動的原始本能，而達到各個認知主體，也就是群體間的共鳴心理，拾級而上

〔註 204〕尹建宏：〈論孔子、孟子、荀子樂舞思想的流派與承變〉，《忻州師範學院學報》
　　　　　第 19 卷第 6 期（2003 年），頁 18。
〔註 205〕《荀子集解・考證》（臺北市：世界書局，2000 年），頁 353。

達到各主體的昇華與完成或說整全，這份感性的共鳴心理是原先我們所提的理性的清晰分明是主體的不同側面，兩相兼顧我們才能瞭解荀子主體的各個面向。

由前文討論至此，結合「禮論」與「樂論」兩篇可知正視原始性情是荀子思想的起點，但他最終的文化理想是推崇周孔的禮樂文明。

（三）化民成俗

前言墨子於〈非樂篇〉曰：「今惟毋在乎王公大人說樂而聽之，即必不能蚤朝晏退、聽獄治政，是故國家亂而社稷危矣。……」在平時王公大人、士君子、農夫、婦人都可能是音樂表演的觀眾，他們一但進行音樂欣賞活動，各個階層的人士皆會怠乎職守，耽誤國計民生，以宗法制度的角度全面否定音樂。

荀子在一一條陳前面逐項理由，沿孟子「眾樂樂」的基調主張樂行則上下和樂融融，而非如墨子所言王公大人、士君子、農夫、婦人聽樂皆耽誤本份，企圖全面恢復音樂在宗法制度中的合法性。

「故樂在宗廟之中，則君臣上下同聽之，莫不和敬……」墨荀兩人所討論的共同背景是指《小戴禮記》〈鄉飲酒禮〉〔註206〕荀子於〈樂論篇〉之末便補充鄉里聚會飲酒禮儀的狀況以爲說明：

> 吾觀於鄉，而知王道之易易也。主人親速賓及介，而眾賓皆從之。至于門外，主人拜賓及介而眾賓皆入，貴賤之義別矣。三揖至于階，三讓以賓升。拜至，獻酬，辭讓之節繁。及介省矣。至于眾賓，升受，坐祭，立飲，不酢而降。隆殺之義辨矣。工入，升歌三終，主人獻之；笙入三終，主人獻之；間歌三終，合樂三終，工告樂備，遂出。二人揚觶，乃立司正。焉知其能和樂而不流也。賓酬主人，主人酬介，介酬眾賓，少長以齒，終於沃洗者焉。知其能弟長而無遺也。降，脫屨，升坐，脩爵無數。飲酒之節，朝不廢朝，暮不廢夕。賓出，主人拜送，節文終遂焉。知其能安燕而不亂也。貴賤明，隆殺辨，和樂而不流，弟長而無遺，安燕而不亂，此五行者，是足以正身安國矣。彼國安而天下安。故曰：吾觀於鄉，而知王道之易易也。〔註207〕

〔註206〕〈鄉飲酒禮〉，《禮記》（臺北市：藝文印書館，1985年），頁1006～1008。
〔註207〕《荀子集解・考證》（臺北市：世界書局，2000年），頁354～355。

鄉飲酒禮的和樂融融，很能爲荀子所堅持的禮樂教化做一佐證。古者三年大比，諸侯之鄉大夫獻賢者、能者於其君，在鄉里閭門之間揖讓而升，行禮如儀，有「升歌三終」、「笙入三終」、「間歌三終」、「合樂三終」穿插，在這樣宴飲聆樂的場合，因爲有禮儀的調節，所以能夠和樂而不流，也由此可見施行王道之易，動態平衡調理又一例。迴避墨子所說音樂欣賞導致王公大人、士君子、農夫、婦人疏於職守的指控。

前言楊筠如以爲荀子此段似乎爲劉向錯入《禮記》〈鄉飲酒禮〉，屬於餖飣拼湊，非〈樂論篇〉應有，然細按墨子所說上下同聽的場合，在諸禮中與〈鄉飲酒禮〉之內容最爲相近，荀子或說〈樂論篇〉作者正本清源提出討論，應有其脈絡可尋之處。

> 樂者，聖王之所樂也，而可以善民心，其感人深，其移風易俗。
> 〔註208〕

透過個別主體的潛移默化、耳濡目染日積月累慢慢形成眾多主體即群體間心意識的沉澱轉化，透過這層特殊的濡染擴散外化效應達成教育上或說文化上的化民成俗。墨子在反對音樂的眾多角度當中並沒有提及音樂這層由認知主體內部的縱橫結構的沉澱與轉化，以及轉化的自然散發與感染群體，荀子在文中以此指出音樂有別與禮義的特質，這是由純藝術的純音樂，而達文化文明教化的音樂。

《論語》中也有音樂與化民成俗的記載，如子游學習音樂成果良好，甚至可以用音樂來教化武城百姓：

> 子之武城，聞弦歌之聲。夫子莞爾而笑曰：「割雞焉用牛刀」子游對
> 曰：「昔者偃也聞諸夫子曰：君子學道則愛人，小人學道則易使也。」
> 子曰：「二三子，偃之言是也，前言戲之耳！」〔註209〕

對子游而言，從孔子所學的音樂不只是音樂，是道的一部份，對於在上位者或者庶民皆有濡染之功，只是到荀子將此間環鍵展現更爲完整。

（四）征誅揖讓

經過先王導引調理之後音樂欣賞與演奏可以不再只是勞民傷財，可以補益國計民生，達到化民成俗，甚至有征誅揖讓之效。

〔註208〕《荀子集解‧考證》（臺北市：世界書局，2000年），頁351。
〔註209〕〈陽貨篇〉，《論語》（臺北市：藝文印書館，1985年），頁154。

故聽其雅頌之聲，而志意得廣焉；執其干戚，習其俯仰屈伸，而容貌得莊焉；行其綴兆，要其節奏，而行列得正焉，進退得齊焉。故樂者、出所以征誅也，入所以揖讓也；征誅揖讓，其義一也。出所以征誅，則莫不聽從；入所以揖讓，則莫不從服。故樂者、天下之大齊也，中和之紀也，人情之所必不免也。是先王立樂之術也，而墨子非之奈何！〔註210〕

要深入解讀〈樂論〉，了解音樂能夠化性起偽的途徑，我們一定要時時回顧墨子與第四章理性思想內在的縱橫結構。「感動人心」、「志意得廣」都要在深層的心知意識上說才顯得通透貼切，容貌得莊是音樂透過耳目濡染讓肢體容貌得莊重莊嚴，但止於外在軀體而已嗎？眼耳鼻舌身意是一貫的，是以雖然指的是容貌莊重，應也是由心意莊重所散發出來才是真的容貌得莊。在主體能夠得一深度濡染沉澱之後，發而向外有如何景象？內可使揖讓，外可使征誅。音樂活動並非勞民傷財無益國計民生，音樂也可以化民成俗、振奮民心並抵禦外侮。

前言墨子與荀子論樂都不是私領域的個人音樂，而是公領域的公眾音樂，即宗法制度下的廟堂音樂，所以墨子可以把非樂的層級拉高到音樂欣賞會導致「國家亂而社稷危」，其實在《論語》中亦可見出音樂不是純藝術，而是與軍事行動同等級的文化政策。樂與禮合稱，而禮樂常與征伐或刑政相提並論。

子路曰：「衛君待子而為政，子將奚先？」子曰：「必也正名乎！」子路曰：「有是哉？子之迂也！奚其正？」子曰：「野哉，由也！君子於其所不知，蓋闕如也。名不正，則言不順；言不順，則事不成；事不成，則禮樂不興；禮樂不興，則刑罰不中；刑罰不中，則民無所措手足。故君子名之必可言也，言之必可行也。君子於其言，無所苟而已矣。」〔註211〕

孔子主張音樂政策的層級與禮教以及軍事行動一樣重要，要由天子來製定。

天下有道，則禮樂征伐自天子出；天下無道，則禮樂征伐自諸侯出。〔註212〕

〔註210〕《荀子集解・考證》（臺北市：世界書局，2000年），頁350。
〔註211〕〈子路篇〉，《論語》（臺北市：藝文印書館，1985年），頁115。
〔註212〕〈季氏篇〉，《論語》（臺北市：藝文印書館，1985年），頁147。

荀子的音樂也定位在文化政策層面，從內在性情回答墨子，他以為一套準確化性起偽的音樂教化是能夠循序漸進增加人民的戰鬥力，此處的征誅不是原始的蠻力戰爭，而是揖讓與征誅兼具的文明理性力量，所以才能說是起於人情之所必不免、是中和之紀能達天下之大齊。

（五）音樂的天地境界

荀子以為人情所不可免的音樂經過先王導引調理以後可達化民成俗、抵禦外侮，甚至尚能開拓天地境界，至此全面肯定音樂。在《論語》中孔子已經提及在人格養成的過程中，禮樂的陶養是最後關鍵階段：

> 子曰：興於詩、立於禮、成於樂。〔註213〕

> 子路問成人。子曰：「若臧武仲之知，公綽之不欲，卞莊子之勇，冉求之藝，文之以禮樂，亦可以為成人矣。」〔註214〕

荀子繼承孔子此一高度重視禮樂的看法。音樂在荀子的思想中不只可以化民成俗，甚至有內在的超越昇華。

除了群體透過音樂能夠互相濡染，主體在情意層面能互相輝映之外，荀子嘗試描述在音樂活動中主體由理性內在結構啟動運作，一路可上達內在超越。在荀子的樂論中一是透過樂器。

孔子能唱、能鼓瑟、能彈琴、能吹笙、能擊磬：

> 子與人歌而善，必使反之，而後和之。〔註215〕

> 孺悲欲見孔子，孔子辭以疾。將命者出戶，取瑟而歌，使之聞之。〔註216〕

> 孔子既祥，彈琴而不成聲，十日而成笙歌。〔註217〕

> 子擊磬於衛。〔註218〕

孔子對於音樂不只有見解，在聲樂和器樂都有實際的經驗。荀子承此一實踐與理論兼具的傳統：

〔註213〕〈泰伯篇〉，《論語》（臺北市：藝文印書館，1985年），頁71。
〔註214〕〈憲問篇〉，《論語》（臺北市：藝文印書館，1985年），頁125。
〔註215〕〈述而篇〉，《論語》（臺北市：藝文印書館，1985年），頁65。
〔註216〕〈陽貨篇〉，《論語》（臺北市：藝文印書館，1985年），頁157。
〔註217〕〈檀弓上〉，《禮記》（臺北市：藝文印書館，1985年），頁119～120。
〔註218〕〈憲問篇〉，《論語》（臺北市：藝文印書館，1985年），頁130。

> 聲樂之象：鼓大麗，鐘統實，磬廉制，竽笙簫和，笣籥發猛，壎篪
> 翁博，瑟易良，琴婦好，歌清盡，舞意天道兼。鼓其樂之君邪。故
> 鼓似天，鐘似地，磬似水，竽笙簫和笣籥，似星辰日月，靴柷、拊
> 鞷、椌楬似萬物。曷以知舞之意？曰：目不自見，耳不自聞也，然
> 而治俯仰、詘信、進退、遲速，莫不廉制，盡筋骨之力，以要鐘鼓
> 俯會之節，而靡有悖逆者，眾積意譚譚乎！〔註219〕

製作樂器對墨子而言是在上位者橫徵暴斂、勞民傷財的資具，是以否定音樂
世界。以荀子而言他不只談音樂的本質，對樂器十分熟稔，逐一列舉各式各
樣的廟堂樂器：鼓、鐘、磬、竽、笙、笣、籥、壎、篪、琴、瑟、靴柷、拊
鞷與椌楬，共涵蓋了金、石、絲、竹、匏、土、革、木，其中鐘鼓磬樂為主
要樂器，主導整體音樂走向，將一個宗法制度下的宮廷樂團演奏洋溢於天地
的悠揚樂聲和盤托出，表達得透徹而周遍。這些樂器各有象徵，他嘗試在墨
子的音樂廢墟中重建一個音樂新天地。

音樂與歌舞是共同演出，舞蹈演出時眼睛看不見自己的舞姿，由「莫不
廉制，盡筋骨之力，以要鐘鼓俯會之節，而靡有悖逆者」可見不是個人獨舞，
而是團體演出。音樂歌舞透過耳目感官、透過俯仰、詘信、進退、遲速各種
肢體語言是可以達到「眾積意譚譚」，即群眾或說眾多主體之間心意識的轉
化。「故鼓似天，鐘似地，磬似水，竽笙簫和笣籥，似星辰日月，韶柷、拊鞷、
椌楬似萬物。」這是將樂器與宇宙萬象做一聯結，而音樂與天地萬物之間呼
應，不是樂器本身即可呼應，而是來自「積意譚譚」轉化後的內在心知意識
展現對外的極致擴散與超越。

> 君子以鐘鼓道志，以琴瑟樂心；動以干戚，飾以羽旄，從以磬管。
> 故其清明象天，其廣大象地，其俯仰周旋有似於四時。故樂行而志
> 清，禮脩而行成，耳目聰明，血氣和平，移風易俗，天下皆寧，美
> 善相樂。〔註220〕

《禮記》〈文王世子〉中的記載可為本段補充說明：「凡學世子及學士，必
時，春夏學干戈，秋冬學羽籥，皆於東序。」〔註221〕國學教世子及士子春
夏兩季學習干戈武舞，秋冬兩季為羽籥文舞，武舞中需執干戚等舞具，熟

〔註219〕《荀子集解・考證》（臺北市：世界書局，2000 年），頁 353～354。
〔註220〕《荀子集解・考證》（臺北市：世界書局，2000 年），頁 352。
〔註221〕〈文王世子〉，《禮記》（臺北市：藝文印書館，1985 年），頁 392。

悉各種屈伸俯仰的舞姿。墨子由旁觀者的角度觀查音樂演奏無益國計民生，荀子卻進入君子這一位表演者當下的心理狀態看見「導志」與「樂心」等內部性情的動態調理至心靈意識的清明純淨，發而為外在肢體伸展收放至完全符合鐘鼓節奏，再進而合於天地四時之象，而移風易俗、宇內昇平。在〈禮論篇〉我們看見荀子自有一套天人合一的說法，在〈樂論篇〉重複出現。

他推崇周公的製禮作樂，音樂世界也見天地之象，但與周朝宗教式的天人合一有別。

遠古先民的音樂內容豐富，有關於宗教祭祀、氏族戰爭、天災水旱以及開墾耕作各種類型，所在多有。根據《周禮》〈春官宗伯・大司樂〉記載六代樂舞：

> 大司樂掌成均之法，以治建國之學政，而合國之子弟焉。……以樂
> 舞教國子，舞雲門大卷、大咸、大韶、大夏、大濩、大武。……
>
> 〔註222〕

黃帝時的「雲門大卷」、唐堯的「大咸」、夏禹時的「大夏」、商湯時的「大濩」以及周朝的「大武」，即包含宗教祭典、推翻暴政與歌頌部落英雄的慶功音樂。季札在魯國曾對這些前代樂舞逐一留下品評與讚歎：

> 見舞「象箾」、「南籥」者，曰：「美哉！猶有憾。」見舞「大武」者，
> 曰：「美哉！周之盛也，其若此乎？」見舞「韶濩」者，曰：「聖人
> 之弘也，而猶有慙德，聖人之難也！」見舞「大夏」者，曰：「美哉！
> 勤而不德，非禹其誰能脩之！」見舞「韶箾」者，曰：「德至矣哉！
> 大矣！如天之無不幬也，如地之無不載也，雖甚盛德，其蔑以加于
> 此矣！觀止矣！若有他樂，吾不敢請矣！」〔註223〕

周代承繼這些音樂資產正式制禮作樂以教化天下，《史記》〈周本紀〉記載：

> 成王自奄歸，在宗周，既絀殷命，襲淮夷，歸在豐，作〈周官〉，興
> 正禮樂，度制於是改，而民和睦，頌聲興。〔註224〕

〔註222〕 〈春官宗伯・大司樂〉，《周禮》（臺北市：藝文印書館，1985 年），頁 337～338。

〔註223〕 〈襄公二十九年〉，《左傳》（臺北市：藝文印書館，1985 年），頁 671～673。

〔註224〕 〈周本紀〉，《史記三家注》（臺北市：漢京文化事業有限公司，1981 年），頁 76。

《禮記》〈明堂位〉則曰：

> 武王崩，成王幼弱，周公踐天子之位以治天下，六年，朝諸侯於明
> 堂，制禮作樂，頒度量而天下大服。七年，致政于成王。〔註225〕

我們可以在《周禮》〈春官・大司樂〉看見音樂機構、音樂教育、音樂表演、皇室雅樂與樂器一整套完整的音樂政策，宗教祭典與廟堂音樂在此時的發展是相輔相成〔註226〕：

> 乃奏黃鍾、歌大呂、舞雲門以祀天神。
> 乃奏大簇、歌應鍾、舞咸池以祭地示。
> 乃奏姑洗、歌南呂、舞大韶以祀四望。
> 乃奏蕤賓、歌函鍾、舞大夏以祭山川。
> 乃奏夷則、歌小呂、舞大濩以享先妣。
> 乃奏無射、歌夾鍾、舞大武以享先祖。

黃鍾大簇等各種樂器、大呂應鍾等各式歌曲、雲門咸池等各樣樂舞並非為娛樂人們的耳目感官的人間旋律，而是為了祭祀天地神祇、四方山川以及先祖考妣的神聖音樂。

> 凡六樂者，文之以五聲，播之以八音。
> 凡六樂者，一變而致羽物及川澤之示，
> 再變而致嬴物及山林之示，
> 三變而致鱗物及丘陵之示，
> 四變而致毛物及墳衍之示，
> 五變而致介物及土示，
> 六變而致象物及天神。

所謂的「變」即一曲、一章或一首。從引文可見盛大的宗教祭典禮敬的對象除了天地祖先之外，並且澤及羽、嬴、鱗、毛、介各類飛禽走獸。

> 凡樂，圜鍾為宮，黃鍾為角，大簇為徵，姑洗為羽，靁鼓靁鼗，孤
> 竹之管，雲和之琴瑟，雲門之舞。冬日至，於地上之圜丘奏之，若
> 樂六變，則天神皆降，可得而禮矣。

〔註225〕〈明堂位〉，《禮記》（臺北市：藝文印書館，1985 年），頁 576。
〔註226〕有關周代文化禮與樂之間的關係，可參考楊華：《先秦禮樂文化》，武漢市：湖北出版社，1997 年。

> 凡樂，函鍾爲宮，大簇爲角，姑洗爲徵，南呂爲羽，靈鼓靈籥，孫竹之管，空桑之琴瑟，咸池之舞。夏日至，於澤中之方丘奏之，若樂八變，則地示皆出，可得而禮矣。
>
> 凡樂，黃鍾爲宮，大呂爲角，大簇爲徵，應鍾爲羽，路鼓路籥，陰竹之管，龍門之琴瑟，九德之歌，九韶之舞。於宗廟之中奏之。若樂九變。則人鬼可得而禮矣。〔註227〕

當祭典中的音樂能夠感動天神、地示與人鬼，整套禮儀便算大功告成。此處音樂不只是音樂，已經轉變成爲先民宗教祭儀中感天動地的媒介。《周禮》寫作年代容或有議，不過可視爲後人對於周公製禮作樂文化全盛時期，散發神聖崇高的音樂氛圍所致上的禮讚，音樂在此不只具有美善特質，更散發了聖潔的光輝籠罩天地萬物。這樣的音樂盛況成爲滋養後代儒者共同的美好文化記憶。

荀子的音樂有天地無鬼神，亦無與羽、贏、鱗、毛、介各類飛禽走獸相聯接的跳越式的神秘感應，他以爲先王理性與感性兼具的主體在音樂領域能去除邪音導以正聲雅樂，讓人世間喜怒哀樂的性情因有所抒發而能趁機化導，因宗法制度中的上下同樂進而移風易俗、因兵勁城固而開展王道，他堅持鉤勒一幅人間世動態平衡調理和諧的禮樂境界。有因襲儒家傳統，但顯然創新的成份所在多有。

參、小結

墨子反對音樂，從樂器、音樂演奏、音樂欣賞、舞台表演與音樂本質縱橫古今談音樂無益，思考角度非常周全，雖然主張音樂亡國，卻爲後世論樂立定重要的觀察座標。〈公孟篇〉中對於音樂本質的質疑，激發荀子對音樂活動做更進一步的考察。荀子在〈樂論〉中數度以「夫樂者」、「且樂者」的句法反復斟酌何謂音樂，其來有自，也因此點滴形成他的音樂理論。

荀子論樂已經不提孔子時所關心僭越的問題，因爲那已經是無法可談的亂世。解讀〈樂論〉必須對荀子結合原始性情與人類文明的主張才能準確看出他完整的構想。面對墨子的指控，荀子隨孔孟的內向思路潛入本能性情來審度，他從「人情之所必不免也」的角度讓音樂的合法性先立於不敗之地。

〔註227〕〈春官宗伯・大司樂〉，《周禮》（臺北市：藝文印書館，1985年），頁339～342。

　　先王具清晰分明心知意識的主體是認知主體，也是情意主體，是以才能製作入人、化人甚深的音樂，才能循序漸進去安撫調理騷動的原始本能，而達到各個主體，也就是群體間的共鳴心理，拾級而上達到各主體的昇華與完成或說整全，這份感性的共鳴心理是原先我們所提的理性的清晰分明是主體的不同側面，兩相兼顧我們才能瞭解荀子主體的雙面向或多面向。

　　有人情之常無妨，先王製雅頌之聲以化之導之，這層化導從工夫修養來說是化性起偽，從教育上說是勸人為學，在文化上來說即是禮樂教化的耳濡目染，是為聖人之偽。

　　音樂感動人心但其影響所及也可正可邪，荀子借由分析音樂的特質及其正反功效，間接承認墨子指控享受音樂將危及國家安全有其可能性，但荀子站在高處宏觀音樂對調理文明所作的貢獻，也進入人心、進入音樂本質微觀，在宏觀與微觀交錯進行之下，他以為先王主導音樂取向是一個重要的轉環關鍵。有了先王所主導由內而外的動態漸進的化導工夫，即使有原始本能亦不至於亂。

　　在先王所主導的音樂政策之下，「和」是一個重要的特色，從荀子的理性思想來說是動態的平衡調理和諧。審一以定和，此和是起於樂曲內部的和諧帶來演奏者與聆聽者的共鳴，再借由音樂欣賞而達社會上下和樂融融，這種共鳴之樂不是外在的制度形式，是感動人心的人文藝術，可彌補過度注重禮義所造成的人際鴻溝。借禮之區分與樂之和合雙管齊下漸次化性起偽教導人民，這是荀子思想中最典型、最重要的動態平衡和諧，兩者不可偏廢，共同構成荀子理性思想的一大特色。

　　墨子在反對音樂的眾多角度當中並沒有提及音樂由認知主體內部的縱橫結構的沉殿與轉化，以及轉化的自然散發與感染群體的效應，但荀子以為透過個別主體的潛移默化、耳濡目染日積月累慢慢形成眾多主體即群體間心意識的沉澱轉化，透過這層特殊的濡染擴散外化可達成文化上的化民成俗。

　　墨子把非樂的層級拉高到音樂欣賞會導致「國家亂而社稷危」，荀子的音樂也是宗法制度下的音樂，從人性根源內在回答墨子，他以為先王制定一套準確化性起偽的音樂教化是能夠循序漸進化民成俗之外，更能增加人民的戰鬥力，荀子所談的征誅不是原始的蠻力戰爭，而與揖讓兼具的文明理性力量。

墨子以爲樂器勞民傷財，但荀子在描述音樂活動中主體由內聖結構啓動之後，一路上達的內在超越境界便借助樂器來表達形容。「故鼓似天，鐘似地」將樂器與宇宙萬象做一聯結，而音樂與天地萬物之間呼應，來自於「積意譚譚」轉化後的心知意識對外的極致擴散與超越。這是由音樂演與天地四時合一，而移風易俗。在〈禮論〉我們看見荀子自有一套天人合一的說法，在〈樂論〉重複出現。

荀子的音樂有天地但無鬼神，無跳越式的神秘感應，他以爲先王理性與感性兼具的主體在音樂領域能去邪導正，讓百姓喜怒哀樂的性情因有所抒發而能趁機化導，因宗法制度中的上下同樂進而移風易俗、因兵勁城固而開展王道，他堅持鉤勒一幅人間世動態平衡調理和諧的禮樂境界。有因襲周孔禮樂文明，但創新的成份所在多有。

墨荀雙方從同樣範疇開展不同視野，但是其間也曾嘗試設身處地轉換位置看音樂。墨子自己能吹笙，能體會音樂是悅耳動人，甚至願意考慮儒者所倡導的禮樂有某種程度的重要性；荀子則提出音樂可能有助於整理行伍、提振士氣。提振民心士氣之後，音樂也可能進一步呼應墨子保家衛國的理想，可見二人並沒有因反對而全盤反對。至於我們在回溯原始的禮樂設計曾經出現大批盲人音樂家，居喪以及凶歲不用樂，似乎如荀子所堅持，在古典制度本來就也可以發掘一份原始的悲憫存自其中。

借著這番對話，荀子〈樂論〉發展出先秦儒家音樂理論的雛型，對於後世的影響貫串《呂氏春秋》、《禮記》〈樂記〉以及《史記》〈樂書〉，從周公、孔子、孟子而下無法直接開出荀子，是故平心而論，要談儒家的音樂理論我們不宜因爲墨子的反對態度，而忽略他對荀子所帶來的啓發，借由墨子一番括垢磨光，更荀子更能重振周代禮樂文明的燦爛輝煌。

第四節　由〈天論〉諸篇看荀子論天

本文題爲內聖外王，但由〈天論篇〉可見，荀子關懷的範圍不只人間世界還擴及天地宇宙。此處先行清理文本，再論義理。筆者以爲〈天論篇〉有三段文字可重新安排，第一段爲「雩而雨」，第二段爲「在天者莫明於日月」，第三段爲「百王之無變，足以爲道貫。」已於劃入〈禮論篇〉疏清。

萬物為道一偏，一物為萬物一偏。愚者為一物一偏，而自以為知道，無知也。慎子有見於後，無見於先。老子有見於詘，無見於信。墨子有見於齊，無見於畸。宋子有見於少，無見於多。有後而無先，則群眾無門。有詘而無信，則貴賤不分。有齊而無畸，則政令不施，有少而無多，則群眾不化。書曰：「無有作好，遵王之道；無有作惡，遵王之路。」此之謂也。〔註228〕

本段亦與〈天論篇〉無涉，睽諸內容，應歸入〈非十二子篇〉為宜。文字經過此番重新安排，可見〈天論篇〉本文非常精簡，但論旨鮮明。釐清文本之後，正式進入討論，先由荀子前代論天開始。

壹、荀子之前的天

整理荀子之前的天，我們可以分天的演變與天的類型兩方面論述。

一、荀子之前天的演變

由金甲文看來「天」就是一個很大的人字。〔註229〕《說文解字》〈第一篇上〉對於天的解釋為：「天，顛也，至高無上，從一大。」〔註230〕李孝定評許慎之言，曰：「惟從一大會意說之，則純就篆體為言，不見真古文之故也。天之與大其始當本為一字。卜辭天邑商或作大邑商，天戊或作大戊，大乙《史記》〈殷本紀〉作天乙可為佳證。」〔註231〕可見天字字形象一個大人，連同字義與大皆有關聯。查閱《說文解字》有關大字解說如下：「天大，地大，人亦大焉，象人形。」段玉裁按語：「老子曰：『道大、天大、人亦大。人法地，地法天，天法道』。按天之文從一大，則先造大字也，
几卩之文但象臂脛大文，則首足皆具而可以參天地是為大。」〔註232〕段玉裁以為在《道德經》中可得天、人與大之間的關聯，人之所以為大乃在能參贊天地之化育。

〔註228〕《荀子集解·考證》（臺北市：世界書局，2000年），頁295。
〔註229〕周法高主編：《金文詁林》（上）（香港中文大學），頁64～66。
《金文編》（臺北市：弘道文化，1970年），頁3。
〔註230〕許慎：《說文解字》（臺北市：藝文印書館，1979年），頁1。
〔註231〕李孝定：《甲骨文字集釋第一》（臺北市：中央研究院歷史語言研究所，1970年），頁20～21。
〔註232〕許慎：《說文解字》（臺北市：藝文印書館，1979年），頁496。

要了解三代時期的「天」，我們需要納入一相關的「帝」作爲輔助說明。楊筠如在《荀子研究》一書中提到「帝」大致爲主持宇宙自然界的大神。商代之「帝」與周代之「天」的關係，他認爲「帝」的出現比「天」早，遠在農業社會之前，「帝」便受人崇拜，在殷墟文字中經統計結果「帝」出現的比例多於「天」。「天」興起於初期的農業社會，詩、書中「天」在出現的比例開始超過「帝」。大致而言，帝和神可以代表殷商以前的宗教，天和天地則代表周以後的信念。傅佩榮在《儒道天論發微》一書中也持相同看法。〔註233〕但無論天或帝在早期皆代表一個有意志、能主宰的實體，可說是宗教天。

商周之後，帝或說天的轉變如何？徐復觀指出古代的宗教天墮落之後，往兩個方向發展，第一，是以道德的超越性代替宗教的超越性。在此一趨勢中又分爲兩個階段：一是認爲道德由天上降到人身，是爲概念性質；在孔孟之時則是以仁爲中心的下學而上達，道德性的天是精神實證。在道德天之外，第二個發展是把天看成自然的法則，沒有道德意味，道家與荀子即是順著此一思路發展。〔註234〕

由宗教天轉入道德天，傅佩榮以啓示者、造生者、載行者、審判者以及主宰者五個概念作了精微的論述。首先，他以爲《詩經》與《書經》中確實表現了天與帝的共同意義；二、天與帝的性格可以由啓示者、造生者、載行者與審判者這些方面來了解；三、啓示之天表現於占卜、君王的智慧與人民的集體意志上；四、造生之天的首義是指生命的終極本源，而非一「自虛無中創造萬物」的造物者；並且天在造生人類時，同時賦人以道德意識；五、載行之天委任君王爲人間世的代表，領導百姓踏上正途、獲得幸福；六、審判之天的特色是以天本身爲絕對正義，並以「天子」君王爲絕對正義的化身。而以上各點皆顯示古代中國政治由神權到德治的發展是自然而必要的。〔註235〕

荀子所在的位置是由道德天轉入自然天。傅佩榮用上述造生者諸概念將荀子的轉折地位描述十分清晰。他曾以「造生者」、「載行者」、「主宰者」、「啓示者」與「審判者」這五個專名來討論孔子與孟子的「天」概念，並分別整

〔註233〕楊筠如：《荀子研究》（臺北市：臺灣商務印書館，1970年），頁91～95。傅佩榮，《儒道天論發微》（臺北市：聯經出版社，2010年），頁49。

〔註234〕徐復觀：《中國人性論史》（臺北市：臺灣商務印書館，1988年），頁225～226。

〔註235〕傅佩榮：《儒道天論發微》（臺北市：聯經出版社，2010年），頁49。

理出相當一貫的理論系統。但是當討論轉向荀子的天概念時，立即發現這些範疇縱使不是完全不適用，也變得毫無重要性。荀子「論天」時的一大特色，是一再以「天地」並稱使用。天與地並稱時，所指的是自然世界或「自然界」；這種自然界兼具造生者與載行者之義，但有一重大限制。這一限制見之於以下三點：第一，荀子曾經引用「天生蒸民」一語（〈榮辱篇〉），又說：「天地者，生之始也」（〈王制篇〉）；可見他仍然受到傳統「造生之天」的信仰所影響，但是僅止於此。第二，載行之天在荀子心中只具備自然主義的含意。荀子說：「天地生之，聖人成之」（〈富國篇〉）；更明確的說法是：「天地生君子，君子理天地」（〈王制篇〉）。第三，天地若無法滿全載行者的功能，則將自然喪失啟示者與審判者的角色。荀子就在這一點上與孟子大異其趣。天地若不能扮演啟示者與審判者，那麼這兩方面的角色由誰取代呢？由聖人或君子。這樣的天概念對於孔子、孟子而言，無異於一大革命。荀子把天的人格化面貌與屬性完全化解，或許是受到老子以「道」為普遍自然法則的觀點所影響。〔註236〕

二、荀子之前天的分類

學界論荀子及其之前天的發展雖然用語不同，但是由宗教天而道德天，由道德天而自然天的演變並無太大歧異。接下來我們討論有關先秦時期天的分類，最早有馮友蘭的五類：物質天、主宰天、人格天、運命天與自然之天。

> 在中國文字中，所謂天有五義：曰物質之天，即與天地相對之天。曰主宰之天，即所謂皇天上帝，有人格的天，帝。曰運命之天，乃指人生中吾人所無奈何者，如孟子所謂「若夫成功則天也」之天是也。曰自然之天，乃指自然之運行，如荀子天論篇所說之天是也。曰義理之天，乃謂宇宙之最高原理，如《中庸》所說「天命之為性」之天是也。〔註237〕

羅光在他的《中國哲學思想史》針對荀子的〈天論篇〉，析出其中論天有五義：人性、天生官能、天地之天、自然與上帝。

> 對天論篇的天字，加以分析：天字指著人性，天字指著天生官能，天字指著天地之天，天指著自然，天指著上帝。荀子主張順天，即

〔註236〕傅佩榮：《儒道天論發微》（臺北市：聯經出版社，2010年），頁164～167。
〔註237〕馮友蘭：《中國哲學史》（臺北市：臺灣商務印書館，1993年），頁55。

順從天生的官能的活動，順從天地的變易。荀子主張以人爲勝天，即以人爲之禮義，變化人性的惡端。荀子主張制裁天物天命而用之，即制裁自物界天生之物和現象而爲人所用。荀子也主張敬天，即用郊祭合百王而祭祀。〔註238〕

在這五種天的定義當中，由造物主的角度來詮釋天是羅光所側重的：

造物主創造了人類，仿效他的神性，由人類統治宇宙，作宇宙萬物的主人。造物主造了萬物，萬物反本歸原應歸於造物主，造物主由人類作代表，萬物便歸於人類。因此，在宇宙的生命（存在）中，含有一項次序的系統，由下而上，人類的生命在這系統的頂點，人類可以運用萬物，而且應當運用宇宙的資源，以發揚生命。

那麼，荀子之天與造物主之天這兩者當如何結合？在解釋荀子「制天而用之」時，羅光曰：

荀子曾主張「制天而用之」，話是對的，「天」字則用得不好，他先説「敬天而奉」的天，指主宰者天，「畜天而用」的天，指自然世宇宙，使後人相信他以自然者天代主宰者天；或更説他以古代相信主宰者天爲不對。主宰者是天，自然界宇宙是天，乃中國古代的用詞，實際兩者所指不相同，互有從屬關係，荀子自己也相信主宰天。〔註239〕

他希望在荀子論主宰天與自然天之間尋一個接榫處，羅光的結論是：「這樣的信仰，使我們得一結論：荀子信仰有皇天上帝，並沒有改變儒家的宗教信仰，荀子書中的天字不都是指著自然的天，也有皇天上帝的天。」〔註240〕羅光嘗試將士林哲學與荀子思想結合，皇天上帝與自然天同時存在於荀子的論述之中。羅光談到荀子的形上天，也講到孔孟《易經》的宇宙天，交叉觀摩，而且注意到天論主旨實在人爲。〔註241〕

勞思光《中國哲學史》論天有三種：形上天、宇宙天與人格天：

希伯來教義中之神，既是創世者，亦是主宰者；中國古代思想中無創世觀念，故「帝」或「天」只是主宰者，而並非創世者。……即以「人格天」之主宰性而論，主要表現仍只在於政權興廢。〔註242〕

〔註238〕羅光：《中國哲學思想史》（臺北市：先知出版社，1975年），頁538。
〔註239〕羅光：《形上生命哲學》（臺北市：臺灣學生書局，2001年），頁119～120。
〔註240〕羅光：《形上生命哲學》（臺北市：臺灣學生書局，2001年），頁530。
〔註241〕羅光：《形上生命哲學》（臺北市：臺灣學生書局，2001年），頁533。
〔註242〕勞思光：《中國哲學史》（臺北市：三民書局，1984年），頁92。

勞思光在定義人格天之時，借希伯來教義對照出中國的人格神相形之下只有主宰而非創世，而且主宰主要表現於政權興廢。

> 所謂「形上天」觀念，即指以「天」作為一「形上學意義的實體」的觀念。這種「天」觀念，與宇宙論意義的天及人格化的「天」均有不同。〔註243〕

> 形上天觀念之成為理論，又成為儒學之一部分，大約始於秦漢之際，至兩漢而大盛；其影響直通至宋代儒學；其最早的代表作，則是偽託子思所作的「中庸」（禮記之一篇），與秦漢以來偽造的易「十翼」。〔註244〕

勞思光除了將天分為三類，各類尚有明確定義可供參考。

前言傅佩榮論天分為統治者、啟示者、審判者、造生者、載行者。

> 天、帝混用的事實可能出自政治上的考慮；亦即，設法勸服商朝遺民：天與帝都代表同一位至高主宰，並且周朝建國係由這一位「統治者」（Dominator）所認准。但是，縱使在商周之際，天的地位也比帝更為突出。我們將漸次指出：天扮演了「啟示者」（Revealer）與「審判者」（Judge）的角色；這兩種角色原是甲骨文中的帝所扮演的。同時，天還展現了「造生者」（Creator）與「載行者」（Sustainer）的功能。這五種名稱，亦即統治者，啟示者，審判者，造生者與載行者，在稍加說明與限制之後，非常適於用來表達天的不同側面。〔註245〕

亦有明確解說。

李滌生由歷史演變來看，將天道觀念分為宗教天、道德天與自然天。

> 古代天道觀念，約有三變，由宗教的天，而為道德的天（義理的天），由道德的天，而為自然的天（物質的天）。孔子的天是人生行為的最高指導原理，故曰：「惟天為大，惟堯則之。」但又說：「天生德於予」，「天喪予」，是於道德思想之中，猶存宗教之觀念。孟子亦然。……荀子的天是自然，卻不尊不敬，要和它面對面的分工合作，而昌言「天人之分」。〔註246〕

〔註243〕勞思光：《中國哲學史》（臺北市：三民書局，1984年），頁80。
〔註244〕勞思光：《中國哲學史》（臺北市：三民書局，1984年），頁81。
〔註245〕傅佩榮：《儒道天論發微》（臺北市：聯經出版事業公司，2010年），頁31。
〔註246〕李滌生：《荀子集釋》（臺北市：臺灣學生書局，1979年），頁361。

戴立仁引用傅佩榮的五個角度，但是與羅光站在相同的立場，以為荀子雖然主張自然天，但不廢形上天。

> 吾人無法否認荀子思想中「天」觀念的先驗意義，因他是呈顯在荀子思想的本質中，是其論說中的一項預設。故此，雖然荀子強調自然天的思想，但他對主宰天、意志天至少仍有同情的了解。[註247]

綜觀前文，學界對於天的分類或三類或五類，繁簡各有擅場，然皆有助於討論荀子天論，筆者僅以徐復觀、李滌生與勞思光與的三類為準，以此三類來概括其餘。無論由歷史演變或者分類狀況，宗教天、道德天與自然天在描述荀子思想是適宜的，以下便準此進行天論的敘述。

徐復觀 李滌生	勞思光	馮友蘭	羅光	傅佩榮
宗教天	人格天	主宰天 運命天	上帝	統治者 啓示者 審判者 造生者 載行者 注：傅佩榮以此五項特色解釋宗教天、道德天與自然天
道德天	形上天	義理天	人性	
自然天	宇宙天	物質天 自然天	天生官能 天地自然	

貳、荀子的天論

在第二節論禮、第三節論樂我們看見荀子如何安排人間的文明秩序，在第四節論天荀子不只安排宗法制度之下的禮樂教化，甚至秉持清晰分明的概念準備整理天地宇宙的秩序，論天所談之天人相分應該與禮論分養節之分是一貫直下，視為孔子正名概念在天地範疇的實踐：「君君、臣臣、父父、子子、人人、天天。」在荀子之前史上有一源遠流長的天道傳統，至孔孟之時漸漸由宗教天轉至道德天，但無論如何都是人之所自出的根源。[註248]但到了荀子有了一翻轉，人是主，君子理天地，此一天地是自然天。

〔註247〕戴立仁：《荀子天論思想研究》（輔大哲學研究所碩士論文，2001年），頁58。
〔註248〕徐復觀：《中國人性論史》（臺北市：臺灣商務印書館，1988年），頁225～229。

一、若天行有常，須重人爲

以下我們便進入〈天論〉及其相關篇章看荀子如何展開他的構想，〈天論篇〉有一基本主旨爲若天行有常，需重人爲，若天行無常亦須重人爲。

（一）論天

1. 廣義與狹義的天

荀子如何說天？他從自然天的規律開始說起。「天行有常，不爲堯存，不爲桀亡。」〔註249〕天自有運行規律，人間有聖王如堯，天是如此運行，人間有暴君如桀，天仍然如此運行。運行規律的內涵爲何？「列星隨旋，日月遞炤，四時代御，陰陽大化，風雨博施，萬物各得其和以生，各得其養以成。」〔註250〕以上是狹義的自然天，還有廣義的天。

> 天職既立，天功既成，形具而神生，好惡喜怒哀樂臧焉，夫是之謂天情。耳目鼻口形能各有接而不相能也，夫是之謂天官。心居中虛，以治五官，夫是之謂天君。財非其類以養其類，夫是之謂天養。順其類者謂之福，逆其類者謂之禍，夫是之謂天政。〔註251〕

此處荀子再把自然天的內涵更豐富的鋪陳，論天除了論其運行有常，尚可及天職、天功、天情、天官、天君、天養與天政，這是廣義的天。陳大齊便說荀子的自然天有廣狹二義：

> 自狹義言之，只涵攝日月、星辰、陰陽、風雨、水旱、寒暑，……自廣義言之，則兼攝天地萬物，且攝及人的身心。攝及人的身心的，可稱之爲最廣義，與現代自然二字的意義正相符合。荀子在天論一篇，論及天地萬物，而總稱爲天論，且稱好惡喜怒哀樂爲天情，稱耳目鼻口形體爲天官，稱心爲天君，這是天字的最廣義。〔註252〕

李滌生也提到相同的看法：

> 荀子的天有廣狹二義：上節是狹義的天——宇宙自然現象；這一節是廣義的天。廣義的天包括「宇宙的天」和「人生的天」兩大類。「天職」、「天功」是天之屬於宇宙者（科學的天），這是荀子不求知的。

〔註249〕《荀子集解‧考證》（臺北市：世界書局，2000年），頁284。
〔註250〕《荀子集解‧考證》（臺北市：世界書局，2000年），頁285～286。
〔註251〕《荀子集解‧考證》（臺北市：世界書局，2000年），頁286。
〔註252〕陳大齊：《荀子學說》（臺北市：中國文化大學，1989年），頁15～16。

「天情」、「天官」、「天君」屬於人身；「天養」、「天政」屬於人事。

這五項是天之屬於人生者（人文的天），是荀子所要求知的。〔註253〕

順著廣義與狹義的自然天，他以此來解釋荀子所說的知天與不求知天。

2. 不求知天與知天

荀子既然主張天人之分、重在人為，是故談天職之時，說明不要去探究形上根源。形上根源在一思想系統之中乃不可或缺，為何不探究？

> 不為而成，不求而得，夫是之謂天職。如是者，雖深、其人不加慮
> 焉；雖大、不加能焉；雖精、不加察焉，夫是之謂不與天爭職。

〔註254〕

荀子所謂的形上根源所指為何？荀子所指的形上根源是天之深、天之大與天之精，然而當時陰陽家的態度是加慮其深、加能其大與加察其精，荀子有鑑於陰陽家的流弊，是故不願深究。「唯聖人為不求知天。」〔註255〕〈天論篇〉此處的不求知天是不要去探究形上根源，也就是前段所說天之深、天之大與天之精。

> 其行曲治，其養曲適，其生不傷，夫是之謂知天。故大巧在所不為，
> 大智在所不慮。所志於天者，已其見象之可以期者矣；所志於地者，
> 已其見宜之可以息者矣：所志於四時者，已其見數之可以事者矣；
> 所志於陰陽者，已其見和之可以治者矣。官人守天，而自為守道也。

荀子在〈天論篇〉之中，有兩個看似相同的詞語，談聖人不求知天之後，接著又談知天，知與不知之間有何差別？知天是「其行曲治、其養曲適、其生不傷」，楊倞於此處的注釋可以參考：

> 其所自脩行之政，曲盡其治；其所養人之術，曲盡其適；其生長萬
> 物，無所傷害，是謂知天也。言明於人事則知天，物其要則曲盡也。

〔註256〕

一切施政，無不合乎治道；養民之方，善盡其宜；生長萬物，無所傷害，對於人事有清晰分明的調理安排即是知天，如此解釋是符合荀子〈天論篇〉的主旨。知天也是知道天的運行規律、天的特色，包括廣義與狹義的天，不求

〔註253〕 李滌生：《荀子集釋》（臺北市：臺灣學生書局，1979年），頁369。
〔註254〕 《荀子集解・考證》（臺北市：世界書局，2000年），頁285。
〔註255〕 《荀子集解・考證》（臺北市：世界書局，2000年），頁286。
〔註256〕 《荀子集解・考證》（臺北市：世界書局，2000年），頁287。

知天是不用對天做形上根源的追究。並再次提出對於天、地、四時、陰陽的適當對待態度,顯然與陰陽五行家大有不同。

(二)論人

1. 由天而人

> 天有其時,地有其財,人有其治,夫是之謂能參。舍其所以參,而願其所參,則惑矣。〔註257〕

天自有運行規律,地自有蘊藏資源,人的本分是治理,也就是人為,此段可見荀子所說的人為是可以與天時、地財等同,不只說天人之分,也述及人與天地一樣尊貴。

> 天不為人之惡寒也輟冬,地不為人之惡遼遠也輟廣,君子不為小人之匈匈也輟行。天有常道矣,地有常數矣,君子有常體矣。君子道其常,而小人計其功。詩曰:「禮義之不愆,何恤人之言兮!」此之謂也。〔註258〕

天地自有運行規律,君子亦然。天原本有四季,地原本遼闊,君子原本行健,三者的基調相同。此段還把君子與小人做一區隔,荀子談天人相分,重點不在天而在人,不只在人,更在於人的道德修為,我們將天論放在外王討論,但由此可見荀子談外王最後仍回歸內聖工夫。

2. 何謂人為

既然天自有運行規律,人可以做的是什麼,亦即何謂人為?「應之以治則吉,應之以亂則凶。」人可以做的是順應天的規律。如何順應?以治相應則吉,以亂相應則凶。什麼是治?什麼是亂?「彊本而節用,則天不能貧;養備而動時,則天不能病;脩道而不貳,則天不能禍。故水旱不能使之飢,寒暑不能使之疾,祅怪不能使之凶。」〔註259〕如果人能夠彊本而節用、養備而動時、脩道而不貳,便是應之以治。

> 本荒而用侈,則天不能使之富;養略而動罕,則天不能使之全;倍道而妄行,則天不能使之吉。故水旱未至而飢,寒暑未薄而疾,祅怪未至而凶──受時與治世同,而殃禍與治世異,不可以怨天,其道然也。〔註260〕

〔註257〕《荀子集解·考證》(臺北市:世界書局,2000年),頁285。
〔註258〕《荀子集解·考證》(臺北市:世界書局,2000年),頁288。
〔註259〕《荀子集解·考證》(臺北市:世界書局,2000年),頁284。
〔註260〕《荀子集解·考證》(臺北市:世界書局,2000年),頁285。

如果人本荒而用侈、養略而動罕、倍道而妄行，便是應之以亂。治亂還可以有其他解釋：

> 暗其天君，亂其天官，棄其天養，逆其天政，背其天情，以喪天功，夫是之謂大凶。聖人清其天君，正其天官，備其天養，順其天政，養其天情，以全其天功。如是，則知其所爲，知其所不爲矣；則天地官而萬物役矣。〔註261〕

知其所爲是指聖人清其天君，正其天官，備其天養，順其天政，養其天情，以全其天功。知其所不爲是指暗其天君，亂其天官，棄其天養，逆其天政，背其天情，以喪天功，也就是前段應之以治與應之以亂。

> 故明於天人之分，則可謂至人矣。〔註262〕

以上便是見於〈天論篇〉的主要議題：天人之分。戰國思潮在荀子由天人合一走上天人相分。天行有常，天有天的規律，人有人的本分，人如果能自行負責、妥當因應，則無須擔心天，雖說天人相分，其實重點在人爲文明，在道德修爲，此之謂天人之分。

二、若天行無常，仍須重人爲

前論天地、陰陽、四時會有自己運轉的規律，但也有不規律如日月之有蝕，風雨之不時，怪星之或見，該如何因應？

> 星隊木鳴，國人皆恐。曰：是何也？曰：無何也！是天地之變，陰陽之化，物之罕至者也。怪之，可也；而畏之，非也。夫日月之有蝕，風雨之不時，怪星之黨見，是無世而不常有之。上明而政平，則是雖並世起，無傷也；上闇而政險，則是雖無一至者，無益也。夫星之隊，木之鳴，是天地之變，陰陽之化，物之罕至者也；怪之，可也；而畏之，非也。〔註263〕

陰陽家見此天象，荀子也見此天象，但各自做了不一樣的解釋。荀子以爲這些天象少見自然多怪，但仍然與人事無關，如果「上明而政平」，即使災異並世起也無傷大雅；但如果「上闇而政險」，雖無一災異，仍要小心謹慎。

我們如果將此處的災異與當時盛行的陰陽五行思想合併討論，可看出經典背後所蘊藏隱而未彰的義理。馮友蘭進行至荀子之時曾道當時人營於巫

〔註261〕《荀子集解・考證》（臺北市：世界書局，2000年），頁286～287。
〔註262〕《荀子集解・考證》（臺北市：世界書局，2000年），頁285。
〔註263〕《荀子集解・考證》（臺北市：世界書局，2000年），頁289～290。

祝，信機祥，蓋所謂陰陽家者說，已為當時之顯學。〔註 264〕我們從《史記》
〈孟子荀卿列傳〉徵引一段相關文字：「荀卿嫉濁世之政，亡國亂君相屬，不
遂大道，而營於巫祝、信機祥，鄙儒小拘，如莊周等，又滑稽亂俗，於是推
儒墨道德之行事，興壞序列，著數萬言而卒，因葬蘭陵。」〔註 265〕這條線索
相當重要，因為在荀子書中並未提及騶衍，亦不直接涉及當時盛行的陰陽五
行，只在〈非十二子篇〉提及子思、孟軻時道：「按往造舊說，謂之五行……」
拜司馬遷事後追記之賜，補足這一頁空白。由「亡國亂君相屬，不遂大道，
而營於巫祝、信機祥」推測，稷下的學風是促使荀子離開齊國的原因。司馬
遷在〈孟子荀卿列傳〉論騶衍時提及：

> 騶衍睹有國者益淫侈，不能尚德，若大雅整之於身，施及黎庶矣。
> 乃深觀陰陽消息而作怪迂之變，〈終始〉、〈大聖〉之篇十餘萬言。其
> 語閎大不經，必先驗小物，推而大之，至於無垠。先序今以上至黃
> 帝，學者所共術，大並世盛衰，因載其機祥度制，推而遠之，至天
> 地未生，窈冥不可考而原也。……稱引天地剖判以來，五德轉移，
> 治各有宜，而符應若茲。……然要其歸，必止乎仁義節儉，君臣上
> 下六親之施始也濫耳。〔註 266〕

此段為《史記》所說「信機祥」補充可貴線索，騶衍著書立說的原始用意「然
要其歸，必止乎仁義節儉」本為規勸在上位者澤及於民，可惜學說流傳的後
果反入無法理解的境域。「其語閎大不經，必先驗小物，推而大之，至於無垠。
先序今以上至黃帝，學者所共術，大並世盛衰，因載其機祥度制，推而遠之，
至天地未生，窈冥不可考而原也。……」根源式的思考有其理論上的必要，
然此段引文說明戰國之際根源式思考所衍生的流弊。學者在討論稷下學風之
時，常注意描寫百家爭鳴盛況，忽略齊學是以騶衍諸人為首的陰陽五行神秘
之學為潛在勢力。

　　然亦有學者注意此一現象，胡適、傅斯年、方東美與羅光皆曾提及。胡
適在《中國中古思想史長編》〈第一章齊學：齊學的正統〉之中歸納：

〔註 264〕 馮友蘭：《中國哲學史》（臺北市：臺灣商務印書館，1993 年），頁 349。
〔註 265〕 〈孟子荀卿列傳〉《史記三家注》（臺北市：漢京文化事業有限公司，1981 年），頁 941。
〔註 266〕 〈孟子荀卿列傳〉，《史記三家注》（臺北市：漢京文化事業有限公司，1981 年），頁 939。

這裏所說的陰陽家，是齊學的正統，還是以政治爲主體，用陰陽消息與五德轉移爲根據，教人依著「四時之大順」設施政教。他們……把四時十二月的政制教令都規定作刻板文章，又造出種種禁忌，便成了「使人拘而多所畏」，「舍人事而任鬼神」的中古宗教了。齊學本從民間宗教出來，想在機祥禍福的迷信之上建立一種因時改制的政治思想。結果是災祥迷信的黑霧終於埋沒了政治制度的本意，只剩下一大堆禁忌，流毒於無窮。這是齊學的命運。〔註267〕

胡適指出陰陽家是齊學的正統，「教人依著四時之大順設施政教」本無不妥，但是流於災祥迷信，便有修正必要。傅斯年在〈論戰國諸子之地方性〉曰：

中國之由分至進而統一，在政治上固由秦國之戰功，然在文化上則全是另一個局面，大約說來如下：齊以宗教及玄學（即神道學）統一中國（漢武帝時成就），魯以倫理及禮制統一中國（漢武帝時成就），三晉一帶以官術統一中國（秦漢皆中韓者）。〔註268〕

在魯國的儒學、三晉的法家之外，傅斯年以爲齊國是以宗教、玄學統一中國。方東美在討論原始儒家時，曾探討這股與儒家理性精神大異其趣的思潮：

五行說，對於孔、孟、荀所代表之原始儒家，毫無重要性可言。考之三家著錄，殆無談五行者。荀子非之猶力，雖則偶亦評及孔伋（子思、公元前四九二～四三一年）與孟子，斥其竟採該說之非。然此乃惟至後漢鄭康成（公元前一三七～二〇〇年）注中庸首章「天命之謂性」而誤歸諸子思、孟子者。雖說顯屬於秦漢之際，騰宣於陰陽家、雜家、陽儒陰雜者流之口，彼等實已竄原始儒家精神之眞面目矣。〔註269〕

方東美所說陰陽之說雜入原始儒家，確實可見於日後的思想發展。羅光也注意到荀子之時鄒衍的五行感應之說。

荀子繼承了（孔子）這種積極精神，加以戰國末年，民間信鬼信神的風氣很盛，又有鄒衍所倡的五行感應，一切都看天意而移轉。《史

〔註267〕 胡適：〈第一章齊學：齊學的正統〉，《中國中古思想史長編》（南港：胡適紀念館，1971年），頁52～53。

〔註268〕 傅斯年：〈戰國子家敘論〉，《傅斯年全集》（臺北市：聯經出版事業公司，1980年）第二冊，頁120～121。

〔註269〕 方東美：《中國哲學之精神及其發展》（臺北市：成均出版社，1984年），頁68～74。

記》說荀子恨當世人「不遂大道而營巫祝，信譏祥。」荀子乃把儒
家自己努力修身的思想，擴充到人事的各方面。〔註270〕

彼時在戰國末年，神秘勢力滲入儒家思想之中，荀子所念茲在茲的是三代周孔淵遠流長的禮樂文明即人文理性思考，是以非之猶力。荀子的天是自然天為學界眾所周知，然荀子為何要從孔孟體系完整的天人合一思想轉向自然天，如果此點時代背景沒有點出，可能無法完整詮釋荀子在〈天論〉當中，為何必須對於追溯根源的思路採取敬而遠之的立場。〔註271〕

另外學界聚訟多年的「思孟五行」如果從孟子後學沾染稷下神秘學風的角度來看待，或許可以理解荀子為何於戰國致力弘揚儒學之時，卻在〈非十二子〉中批評思孟的用心所在，凡此皆與這股新興的非理性勢力息息相關。有關思孟五行眾說紛紜，黃俊傑在其注解中詳細羅列歷來有關思孟五行的相關著作值得參考。〔註272〕傅佩榮在其《先秦儒道發微》一書中有關思孟五行的說法，引用龐樸的研究成果。〔註273〕梁濤近年亦有論及長沙馬王堆漢墓出土的帛書《五行》經傳。

1973年長沙馬王堆三號漢墓出土帛書《五行》經傳，其中有仁義禮智聖五種「德之行」及仁義禮智「四行」。根據龐樸先生的研究，帛書中的仁義禮智聖又見於《孟子》，實際就是荀子所批評的思孟五行。原來人們爭論不休的思孟五行說，既同金木水火土無關，也非仁義禮智信，更不是仁義禮智誠，而是仁義禮智聖，龐文一出，學界注目。1993年，郭店竹簡在湖北荊門一號楚墓出土，其中有《五行》「經」的部分，並標明「五行」二字，進一步證實了龐樸先生當年的判斷。至此，思孟五行說的爭論可以告一段落。〔註274〕

梁濤在後文有一番層次豐富的解說，但筆者以為如果孟子所言之五行果真為「仁、義、禮、智、聖」，遭荀子斥為「甚僻違而無類，幽隱而無說，閉約而無解」，此一議題有兩點可說：首先，以荀子久居齊國稷下的經歷看來，

〔註270〕 羅光：《中國哲學思想史》（臺北市：先知出版社，1975年），頁535。
〔註271〕 林宏星便以「解除神祕主義」為標題，將荀子論天處理得清爽而通透。〈解除神祕主義——荀子「明於天人之分」的觀念〉，《合理性之尋求：荀子思想研究論集》（臺北市：台灣大學出版中心，2011年），頁69～133。
〔註272〕 黃俊傑：《孟學思想史》（臺北市：東大圖書公司，1991年），頁70～71。
〔註273〕 傅佩榮：《儒道天論發微》（臺北市：聯經出版事業公司，2010年），頁163。
〔註274〕 《郭店竹簡與思孟學派》（北京市：中國人民大學出版社，2008年），頁219。

此番講評可能言之太苛，有失公允。第二，若指為孟子後學沾染稷下神秘
學風，許多疑點可得劃然冰釋，與兩漢學風亦可連結。董仲舒在漢代重新
復興儒學，他暢談天地、陰陽與四時，並因之建構一套龐大的天人相應體
系，驗諸西漢董仲舒在《春秋繁露》所採取的說法，便可看出騶衍這一脈
思路與規模不絕如縷。〔註 275〕另外陰陽五行在漢代末年所產生的流弊，與
荀子在戰國末年所需面對的時代課題有幾分相仿。以下所談星墜木鳴，見
於董仲舒即為災異。

> 星隊木鳴，國人皆恐。曰：是何也？曰：無何也！是天地之變，陰
> 陽之化，物之罕至者也。怪之，可也；而畏之，非也。夫日月之有
> 蝕，風雨之不時，怪星之黨見，是無世而不常有之。上明而政平，
> 則是雖並世起，無傷也；上闇而政險，則是雖無一至者，無益也。
> 夫星之隊，木之鳴，是天地之變，陰陽之化，物之罕至者也；怪之，
> 可也；而畏之，非也。〔註 276〕

「星隊木鳴」應是騶衍、荀子或董仲舒他們所想解釋的天象，所面對的現
象相同，然而各個思想家從中所進行的思考與選擇卻大異其趣。若荀子在
漢代以他的理性思想出發，勢必期期以為不可。曾春海以為齊襄王時，荀
子最為老師，三為祭酒。而齊學是上古黃老、神仙、數術、陰陽、五行、
天文等學說的淵源，災異學、五德終始說、命相學對當時社會的人心影響
頗大。社會上許多行動要受怪力亂神的約束，司馬談於「論六家要旨」一
文中嘗謂：「陰陽之術大祥，而眾忌諱，使人拘而多畏。」使戰國後期充滿
著濃厚的迷信色彩。〔註 277〕

> 物之已至者，人祅則可畏也：楛耕傷稼，楛耨失歲，政險失民；田
> 薉稼惡，糴貴民飢，道路有死人：夫是之謂人祅。政令不明，舉錯
> 不時，本事不理，勉力不時，則牛馬相生，六畜作祅：夫是之謂人
> 祅。禮義不脩，內外無別，男女淫亂，則父子相疑，上下乖離，寇
> 難並至：夫是之謂人祅。祅是生於亂。……無用之辯，不急之察，

〔註 275〕 可參考林宜均：〈董仲舒對荀卿「天人關係」之承襲與轉化〉，《第一屆先秦兩
　　　　　漢學術全國研究生論文發表論文集》，新莊市：輔仁大學中國文學系，1997
　　　　　年。
〔註 276〕 《荀子集解·考證》（臺北市：世界書局，2000 年），頁 289～290。
〔註 277〕 曾春海：《儒家哲學論集》（臺北市：臺灣學生書局，1989 年），頁 112。

棄而不治。若夫君臣之義，父子之親，夫婦之別，則日切瑳而不舍
也。〔註278〕

荀子以為人與其關注天象災異，不如把放在天象的注意力返回人間，國中人
祅才是需要用心所在。「無用之辯，不急之察」應該暫且擱置，人所該日日切
磋的是人間的君臣、父子、夫婦之義，該用心的是如何靖國安民。

大天而思之，孰與物畜而制之！從天而頌之，孰與制天命而用之！
望時而待之，孰與應時而使之！因物而多之，孰與騁能而化之！思
物而物之，孰與理物而勿失之也！願於物之所以生，孰與有物之所
以成！故錯人而思天，則失萬物之情。

楊倞在此段注曰：「尊大天而思慕之，欲其豐富。孰與使物畜積而我裁制之也。
頌者，美盛德也，從天而美其盛德，豈如制裁天之所命而我用之。謂若曲者
為輪，職者為桶，任材而用也。」「此該言理本豐富，在人所為，不在天也。
若廢人而妄想天，雖勞心苦思，由無益也。」〔註279〕與其讚美天與空思冥想，
還不如順著天的規律加以利用，這是荀子對人為文明的態度，最為後世津津
樂道。然我們要注意荀子所說的物畜而制之，其內涵並不是控制或剝削，而
是順應天原本的規律與特性加以運用。

荀子論天從民國初年以來即是學界議題，本段文字是關鍵所在。

荀子的「天論」，不但要人不與天爭職，不但要人與天地參，還要人
征服天行以為人用。他說：大天而思之，孰與物畜而制裁之？從天
而頌之，孰與制天命而用之，望時而待之，孰與應時而使之？因物
而多之，孰與逞能而化之？思物而物之孰與理物而勿失之也？願於
物之所以生，孰與有物之所以成？故錯人而思天則失萬物之情。」
這竟是倍根的「戡天主義」（Conquest of Nature）了。〔註280〕

胡適把荀子論天與培根的征服自然相比擬。

荀子天論能夠打破這種迷信與宗教，不但是在他的哲學上，能夠表
現一種特別注重人為主義的精神；在古代宗教史上，也有重大的關
係。〔註281〕

〔註278〕《荀子集解・考證》（臺北市：世界書局，2000 年），頁 292。
〔註279〕《荀子集解・考證》（臺北市：世界書局，2000 年），頁 293。
〔註280〕 胡適：《中國古代哲學史》（臺北市：臺灣商務印書館，1982 年），頁 30。
〔註281〕 楊筠如：《荀子研究》（臺北市：臺灣商務印書館，1970 年），頁 86。

楊筠如以為在哲學與宗教上荀子的天論都有重大意義。

> 荀子欲物畜天地而役使之，欲騁人的智力以增益生產，此與西洋人
> 所嚮往的征服自然，初無二致，與現代自然科學的精神，亦甚切合。
> 假使荀子此一學說而見重於後世，有人為之發揚光大，則今日中國
> 的自然科學及應用技術縱不能居於世界領導地位，亦決不至於落伍
> 如此之甚。〔註282〕

陳大齊以為荀子所言物畜天地而役使之，乃切合現代科學精神，若能發揚荀
子天論，有助於提升中國的自然科學與應用技術，這是會通荀子天論與西方
科學精神的示範。制天與用天的方法在應與順：荀子所提示的主要方法，不
外應與順。「望時而待之，孰與應時而使之」，欲善用四時以滋長萬物，則必
須適應四時與不與之相違。

　　但對此議題韋政通持另一角度的意見，他對於天論當中的自然天十分讚
賞，但是以為荀子缺乏科學活動的自覺以及思想重點在於禮樂教化：

> 荀子的制天用天，純是為強調人為而說的，這是科學的實用動機。
> 荀子不知道，在實現這種動機之前，還大有事在，這些事裏，「從天
> 而頌」固所不必，「大天而思」卻是必要的。人文思想的發揚，不一
> 定造成科學發展的阻力，如有其他的條件配合，反是一股有利的助
> 力。但單純的實用動機，因而導致對無用之辯，不急之察，都主張
> 棄而不治，這才足以妨礙科學的發展。〔註283〕

李滌生也以為荀子「沒有征服自然的雄心，只是利用自然而已。征服自然，
必先瞭解自然，而他是不與天爭職，不求知天的。因為荀子的中心問題不是
天而是人，所以他的思想方式是科學的，卻沒有開出科學來。」對於上述看
法筆者試進一辭，韋政通以為荀子的天論雖說制天用天，但旨在人為，確實
如此。至於「單純的實用動機，因而導致對無用之辯，不急之察，都主張棄
而不治，這才足以妨礙科學的發展」，筆者主張荀子談外王思想著重在安排人
世間互相成全，兩不相傷的文明秩序，這是他的前提，如果荀子生在今日，
了解現代科學有益於安排如此的人間文明秩序，相信他也會重新評估「無用
之辯，不急之察」的價值，再度大天而思之，努力開出科學。

〔註282〕陳大齊：《荀子學說》（臺北市：中國文化大學，1989年），頁25。
〔註283〕韋政通：《中國思想史》（臺北市：大林出版社，1985年），頁318。

結論是無論天行有常或無常，都必須重人為。

曾春海探討荀子思想時，將天人的關係與性偽合併討論，以為兩者的內在義理有其一貫性。

> 由荀子的性偽之對比，相應於天人對比的關係，「性」純屬無意識的天然狀態，依內在的自然法則而活動，則「天」亦係無意識特徵的自然體，依客觀的自然律而運行、生物，甚至於一般人因無知而心生畏懼的「夫星之墜，木之鳴，是天地之變。陰陽之化，物之罕至者也。怪之可也，而畏之非也。」〔註284〕

除了將天人關係與性偽之間合併探討，並且就荀子的自然天再細分三個層次：天是自自然然地化生萬物，天之化生萬物乃依循客觀的常則，天只是不具意識作用的自然體。〔註285〕

> 荀子的天人之分係在天生人治人成的理念下提出。換言之，天人之分的消極意義，在破除天人感應的迷信及客觀的在能知範圍內還天人的實然特質。其積極意義在有機的重新整合天人關係，在「天有其時，地有其財，人有其治，夫是之謂能參」的結構與功能之論析模式下，履行天人相參的任務。所謂天人相參，係有鑑於天、地、人是宇宙整體結構中有機的三個部分，雖各有性質和作用，然而在功能互濟下，三者是互動互補的，人與自然（天地，且可以天統地，統稱為天），在天人分職分工而以人發揮主動的參贊化育工夫中，互動互補而交融互通成一廣大和諧的有機系統。〔註286〕

曾春海所言其中的結構、功能與有機之說頗能切中荀子學說特色，十分具有新意。

參、天人相分與君子小人

荀子談天人為何與君子小人相關，〈天論篇〉表面上在談天地宇宙，人為文明，然而在〈天論篇〉文末，荀子將天人相分與君子小人連結，也就是道德修為的內聖工夫。

〔註284〕 曾春海：《中國哲學史綱》（臺北市：五南出版社，2012年），頁69。
〔註285〕 曾春海：《儒家哲學論集》（臺北市：文津出版社，1989年），頁110。
〔註286〕 曾春海：《中國哲學史綱》（臺北市：五南出版社，2012年），頁70。

若夫志意脩，德行厚，知慮明，生於今而志乎古，則是其在我者也。
故君子敬其在己者，而不慕其在天者；小人錯其在己者，而慕其在
天者。君子敬其在己者，而不慕其在天者，是以日進也；小人錯其
在己者，而慕其在天者，是以日退也。故君子之所以日進，與小人
之所以日退，一也。君子小人之所以相縣者，在此耳。〔註287〕

由天人之分進一步談君子小人之分，著重在工夫修為。「是其在我者也」，談的
是人的自由意志，荀子確實談了自由意志，但篇幅不長。「故君子敬其在己者，
而不慕其在天者；小人錯其在己者，而慕其在天者。」此處把天人之分與內聖
修為做一個連結，是為荀子談天論的要義所在。由這一段看天論篇的篇旨為
何？意義何在？前文引用傅佩榮論天有五個角度：啟示者、審判者、造生者、
載行者、統治者。傅佩榮由先秦論天，轉入荀子時以為荀子之天只留造生者的
角色，那麼剩餘多少角色？由誰來扮演？傅佩榮以為啟示者與審判者的角色皆
由聖人或君子擔任，但如果更審慎的觀察，荀子把載行、審判、統治與啟示的
任務都由人自己來承擔。這一點轉向，如果從人文精神的角度看來意義重大，
學界諸君多有讚揚。然而荀子學說優點在此，但是缺失也在此處。優點是彰顯
人的重要性，但如果沒有透徹了解荀學脈絡，執一偏以蓋全，也會讓人無限膨
脹。法家諸子視荀子諄諄教誨的綿綿密密人為自修於無物，人性滑落自此開
始。荀子全書開首不是天論、道論、性惡或禮論，而是不斷修為的勸勉向學與
審慎修身，後學當仔細玩味此中理論設計用心良苦之處。

肆、〈天論篇〉以外之天

荀子名為論天，實為不求渺遠的形上根源，轉而重視人群間的人為文明，
並及修養工夫。〈天論篇〉所談的自然天是其篇旨所在，筆者此處提出值得討
論的尚有表示道德修養工夫境界的天地，散見於原典各處，皆為重要篇章，
如〈性惡篇〉：

今使塗之人伏術為學，專心一志，思索熟察，加日縣久，積善而不
息，則通於神明，參於天地矣。〔註288〕

如〈解蔽篇〉：

〔註287〕《荀子集解·考證》（臺北市：世界書局，2000年），頁289。
〔註288〕〈性惡篇〉，《荀子集解》（臺北市：世界書局，2000年），頁408。

虛壹而靜，謂之大清明。萬物莫形而不見，莫見而不論，莫論而失位。坐則於室而見四海，處於今而論久遠。疏觀萬物而知其情，參稽治亂而通其度，經緯天地而材官萬物，制割大理而宇宙理矣。恢恢廣廣，孰知其極？睪睪廣廣，孰知其德？涫涫紛紛，孰知其形？明參日月，大滿八極，夫是之謂大人。夫惡有蔽矣哉！〔註289〕

這段敘述如能達到不以已藏害所將受，不以此一害彼一，不以夢劇亂知即具有大清明之心，並描述清明心所次第展開的境界由「萬物莫形而不見」逐漸至「明參日月，大滿八極」，荀子對於何謂「大人」自有定義，以上即是解蔽之後的遼闊境界。其中的「明參日月、大滿八極」在荀子思想中頗耐人尋味，這是屬於工夫境界的語言。

另〈勸學篇〉曰：

君子知夫不全不粹之不足以爲美也，故誦數以貫之，思索以通之，爲其人以處之，除其害者以持養之。使目非是無欲見也，使口非是無欲言也，使心非是無欲慮也。及至其致好之也，目好之五色，耳好之五聲，口好之五味，心利之有天下。是故權利不能傾也，群眾不能移也，天下不能蕩也。生乎由是，死乎由是，夫是之謂德操。德操然後能定，能定然後能應。能定能應，夫是之謂成人。天見其明，地見其光，君子貴其全也。〔註290〕

本段出自〈勸學篇〉末，荀子在討論過勸勉爲學、爲學方法、爲學內容，最後勾勒出爲學的最高境界是：「德操然後能定，能定然後能應。」靜而能定，動而能應，荀子之謂成人。君子貴其全，故天能見其明，地可見其光。此處的天地是主體境界修養完全之後，天地可鑒的天地。

〈禮論篇〉記載：

天地以合，日月以明，四時以序，星辰以行，江河以流，萬物以昌，好惡以節，喜怒以當，以爲下則順，以爲上則明，萬變不亂，貳之則喪也。禮豈不至矣哉！立隆以爲極，而天下莫之能損益也。本末相順，終始相應，至文以有別，至察以有說，天下從之者治，不從者亂，從之者安，不從者危，從之者存，不從者亡，小人不能測也。〔註291〕

〔註289〕 〈解蔽篇〉，《荀子集解》（臺北市：世界書局，2000年），頁366～367。
〔註290〕 《荀子集解》（臺北市：世界書局，2000年），頁15。
〔註291〕 《荀子集解》（臺北市：世界書局，2000年），頁328～329。

由〈禮論篇〉可見荀子不只安排人間的文明秩序，尚且論及天地宇宙的秩序如何安排，也就是君子理天地，透過君子調理之後天地有序，這是〈禮論篇〉可以與〈天論篇〉合併的例證，這才是荀子心目中的人爲文明秩序。然而天地不會自動以合、日月不會自動以明，天地得以調理，要靠理天地的君子事先具備虛壹而靜、化性起僞、積學不已層層修養工夫的累積，才得由內而外以合、以明、以序、以行、以流、以昌、以節與以當，這是透過工夫修養才可得見的天地秩序。

〈樂論篇〉則曰：

> 聲樂之象：鼓大麗，鐘統實，磬廉制，竽笙簫和，竽籥發猛，塤篪翁博，瑟易良，琴婦好，歌清盡，舞意天道兼。鼓其樂之君邪。故鼓似天，鐘似地，磬似水，竽笙簫和竽籥，似星辰日月，鞉柷、拊鞷、椌楬似萬物。曷以知舞之意？曰：目不自見，耳不自聞也，然而治俯仰、詘信、進退、遲速，莫不廉制，盡筋骨之力，以要鐘鼓俯會之節，而靡有悖逆者，眾積意諄諄乎！〔註292〕

在音樂演奏的過程中，爲何能見「故鼓似天，鐘似地，磬似水，竽笙簫和竽籥，似星辰日月，鞉柷、拊鞷、椌楬似萬物」？可能是就鼓的音色而言，但鼓未經演奏不會自動似天，鐘也不會自動似地，連舞蹈都需要「然而治俯仰、詘信、進退、遲速，莫不廉制，盡筋骨之力，以要鐘鼓俯會之節」，音樂演奏當然也需要透過不斷的練習與閑熟的過程，才能似天似地，這是音樂演奏之中自有的境界天地。

對於諸如上述文字，陳大齊解釋爲象天或象地不過言樂舞的清明廣大有似於天地。有似於天地，只是與天地相類似而已，未可謂爲取法於天地。故荀子這兩句話更未嘗表示其染有法天主義的氣息。〔註293〕傅佩榮也看見荀子討論禮與樂當中的天地，但他以爲荀子沒有認眞循此一角度思考。〔註294〕比較正面闡述此一面向的文字見於羅光的著作中。禮的形而上的意義，即是天地的節文。樂的形而上的意義，爲天地之和。〔註295〕羅光談荀子禮樂性質時，以形上角度認爲是天地之節與合：「荀子以樂象徵宇宙的聲音，樂器和天地日

〔註292〕《荀子集解》（臺北市：世界書局，2000年），頁353～354。

〔註293〕陳大齊：《荀子學說》（臺北市：中國文化大學，1989年），頁22。

〔註294〕傅佩榮：《儒道天論發微》（臺北市：聯經出版社，2010年），頁177。

〔註295〕羅光：《中國哲學思想史》（臺北市：先知出版社，1975年），頁525。

月萬物相配。莊子曾講天樂地樂人樂，以天樂爲最高。禮記的樂記篇也說：「大樂與天地同和，大禮與天地同節。」〔註296〕此處與莊子及《禮記》〈樂記〉相提並論，更能彰顯其間的形上意義。凡此數則皆可見佐證荀子所展現的內在天地境界。在第一節我們討論到儒者自覺的內容是什麼？儒者覺其本身便是一個獨立完整的存在，心中自有天地，探討荀子的天論，應補充此一特殊的面向，荀子天論才得周全完整。

伍、小結

　　本文題爲內聖外王，但由〈天論篇〉可見，荀子所欲關懷談論的範疇還及於天地宇宙。在荀子之前，先秦「天」的發展係由宗教天、道德天而自然天，以上內容學界前輩多已言及，或繁或簡，大同小異。傅佩榮自統治者、創生者、載行者、審判者與啓示者將宗教天而道德天而自然天的轉變闡釋得更爲明晰。由〈天論篇〉所見，荀子論天主要指自然天，分別有廣狹二義。荀子論天從民國初年以降便是話題，荀子自然天的立場究竟可否開出科學價值，學界有正反兩方意見，筆者由荀子的終極關懷是調理人間的文明秩序，若荀子生在當代，了解科學發展有助於安頓人間文明秩序，不無發展理由，甚或會基於動態的平衡和諧原則，修正科學發展的路線。故對此持肯定看法。本文要特別指出，荀子爲何要將孔孟原本完備的天人合一思想做一轉向，若要將此中緣由說明清楚，建議可參酌彼時齊國顯學鄒衍的陰陽五行之說，甚至可爲聚訟多年的思孟五行開闢新的解釋角度。〈天論篇〉的顯性主題是自然天，然而在〈天論篇〉之外，我們仍然可以看見荀子正文中不乏宗教天與道德天。

　　荀子天論名爲論天，但無論天行有常或天行無常，重點在於人爲。何謂人爲？人可以做的是因應、順應。如果人能清其天君、彊本而節用、養備而動時、脩道而不貳，這便是應之以治。「故君子敬其在己者，而不慕其在天者；小人錯其在己者，而慕其在天者。」此處把天人討論攝入內省修爲。

　　〈天論篇〉的主旨在強調人的工夫修爲，但如果加上〈性惡篇〉、〈解蔽篇〉、〈勸學篇〉、〈禮論篇〉與〈樂論篇〉文末不約而同的天地語言，我們可以發現銜接著主體修爲之後，自有一番遼闊的超越境界，這是荀子的內在超越，其間義蘊值得深入闡釋。

〔註296〕羅光：《中國哲學思想史》（臺北市：先知出版社，1975年），頁524。

第五章　結　論

　　戰國史的考證工作繁瑣，本文之所以深入故紙堆，是希望追隨荀子的足跡，為其思想詮釋尋一個穩實的時空基礎。

　　斟酌各家成果得一荀子年譜，以史學角度而言只能說是趨近真實。由年譜所見，荀子在戰國遊蹤遍及北趙、東齊、西秦與南楚。西元約 316 年荀子出生於趙國，先世為周文王之後，正視這個起點對於詮釋荀子思想意義重大。荀子日後沒有留在祖國，帶著北方燕趙男兒的氣質縱橫宇內，開拓筆下禮樂文化的疆土。西元前約 301 年，繁榮的齊國在東方召喚少年荀子。此地人才濟濟、學風自由，了解荀子在齊國這數十年的浸潤與三為祭酒的經歷，有助於深入〈勸學〉、〈禮論〉、〈樂論〉、〈非十二子〉諸名篇，也才能夠理解他在面對鄒衍陰陽五行，選擇將形上超越思考內在化的表達方式。西元前約 266 年之後，荀子論儒，論儒的對象是秦昭王。面對秦昭王讓他思量儒者本質與何謂大國，對於撰寫〈儒效〉與〈彊國〉諸篇助益匪淺。長平大戰前訪趙議兵，事後撰成〈議兵篇〉，發展出以湯武周孔仁義之師為主軸的軍事主張。若此次出訪兩國時間、地點與議題考證無誤，則知荀子在當代不只望眾學界，尚且熟稔國際局勢。西元前約 255 年楚滅魯後，春申君任荀子為蘭陵令，〈解蔽篇〉出入道家，應是作於荀子居楚之時。經考證戰國楚地蘭陵為魯國故土，荀子晚年於此為官著書，將平生理論付諸實踐，蘭陵有治聲，這段事蹟為戰國時代留一段佳話，也為荀子尊孔添一佐證。

　　荀子以語言文字企圖鑄造新世界。在原典所見他的理性書寫特色有用字精確、論證綿密、以主題概念名篇以及可推出完整的系統架構。透過這些特色，經重重篩選，我們以眾所公認為真的〈解蔽篇〉為主，合〈正名篇〉、〈性

惡篇〉與〈勸學篇〉四篇，以說荀子認知主體之內聖結構，是爲荀子理論上之內篇；在認知主體之內聖結構得一調理，由目錄之以類相從，約略可見由修身而治國的規模，是以提出〈儒效篇〉、〈禮論篇〉、〈樂論篇〉、〈天論篇〉諸代表篇章以彰顯外王潛在脈絡，從中可見荀子如何安排人間的文明新秩序。

有了荀子生平與著作的考證爲基礎，我們便可以比較確切的進行思想的詮釋。荀子思想的意義與價值在於：一、他的思想可以開出內聖，二、他的思想可以開出外王，三、他的內聖與外王思想相貫通，四、戰國儒家思想賴荀子而不息，五、荀子對於當代社會可以有所建議，即傅偉勳所說的必謂。

壹、荀子有內聖思想

回顧論文第一章對內聖與外王的定義：內聖爲修身，即自覺的作聖賢工夫、道德實踐，以發展完成其德性人格。至於外王部分，牟宗三以爲是「行王者之道」，余英時以爲是「天下有道」、「人間秩序的整體」，筆者增益之爲「人間互相成全的文明秩序」。內聖與外王的關係爲何？內聖可開出外王，在外王的過程將回歸內聖天地，印證如余英時所說：「『內聖外王』是一個連續不斷的活動歷程，最後將導致合理的人間秩序的實現。」對於以上的基本定義，我們在第三、四章可見荀子原典的豐富衍繹。

荀子不只有內聖思想，其內聖思想尚且存在一個架構，〈正名篇〉所見是此一架構的橫向開展。治荀常言化性起僞，本文自荀子〈正名〉諸篇整理出「性、情、欲、心、慮、知、能、僞」一系列概念，以爲輔助「化性起僞」之說明。性是天生自然的本能，情是好、惡、喜、怒、哀、樂，由本能之性所外發的各種情緒。欲是指情之應，也就是欲望，此三者可歸於天生本能之部。荀子的心是理性之心，具有主宰義，有自由意志，能反省、判斷與選擇。然而理性之心需經一番虛、壹與靜的鍛鍊工夫，不斷融攝與轉化以達大清明，方能擔當化性起僞之重責大任。天生本能接受理性之心的判斷與選擇稱之爲慮。慮而後知得自理性之心所作的周全判斷與選擇。潛藏於認知主體的知可在客觀狀態實現，方能稱爲智。潛能透過不斷的學習而得踐行，與客觀外在契合而終止於成，即「而後成謂之僞」。〈正名篇〉所見論本能性、情尚未及惡，〈禮論篇〉、〈樂論篇〉、〈天論篇〉與〈勸學篇〉等重要篇章亦然；〈性惡篇〉則聯性與惡合成一判斷，此二者可分屬兩類論述，即：原始中立之性與惡之性。〈正名篇〉討論性、情、欲、心與治亂的關係，但仍著重在內聖範圍，

並未涉及先王禮樂，〈禮論篇〉開始將內在性情與外在禮樂結合論述，此一思路可證荀子由內聖外王相貫通。

　　牟宗三所讚許荀子的知性主體，〈解蔽篇〉多有討論。荀子以為知性主體有障蔽，是以需要解除障蔽，才能有正確的道德實踐。文中他先確認何謂蔽，並將蔽分為當今之蔽、耳目感官之蔽與歷史之蔽，歷史之蔽又分為君臣之蔽與諸子之蔽。解蔽之道有二，一、為兼陳萬物衡以禮義之道，二、為虛壹而靜得大清明之心。為闡明荀子知性主體的縱向深度，筆者援引唯識以解虛靜，此一研究方向在清末民初已有學者啟其端。解蔽後的境界，君子自得胸中乾坤可理自然天地。

　　孟子談「我」以道德主體見長，荀子談「我」以知性主體見長。然荀子暢談知性主體乃在為道德實踐做準備，認知清明有益道德實踐，原典中〈解蔽篇〉論之甚詳，全書亦主知行是一，學至於行而止矣。若引莊子的思考型態為對照，莊子的類型是有「真人而後有真知」，相較之下，荀子思想的類型便近於有「真知而後有真人」。為討論自我境界，勞思光曾引用德性我、情意我與認知我為判準，〔註1〕以荀子而言，其主體有知性、德性面向，知性是為德性之前行基礎，若參考〈樂論〉可增情意層面，也就是荀子的主體是認知、道德與情意三者兼備。這點是論荀子認知主體之時可以補充之處。

　　〈性惡篇〉應該是典型的篇首名篇，而非主題概念名篇，篇首名篇多非荀子原作。性惡只是開場白，重點在於聖人化性起偽。整理〈性惡篇〉的重點如下：

1. 人性中也有惡的成分，要能踐行才是真善。荀子目睹順任天生本能，人間文明會失序。他承認孟子的主張：人有善的潛能，但是對於善他補充定義：善不能停留在潛能狀態，必須是付諸實踐的人為之偽，才是善的完成。

2. 眾人與聖人相距不遠，天生本能相同，差別在於能積偽者為聖人，不能積偽者為眾人，聖人積偽可成就禮樂文明。

3. 如果人性善，善性理應帶來善行。如果人性善，該如何解釋師友、禮樂教化存在的合理性？

4. 塗之人可以為禹則然，塗之人能為禹則未必然。為何聖人能偽而小人不能偽，荀子在能與不能之間設定人有情然而心為之擇的主宰性，即自覺的自由意志。

〔註1〕勞思光：《新編中國哲學史》（臺北市：三民書局，1984年），頁148～149。

　　本能性情是荀子內聖結構橫向系列的起點，人爲之僞是橫向系列的終點。起點與終點中間有一轉折，即由耳目感官而心知意識的淨化，此即荀子解蔽虛靜以返清明的工夫之所在，在虛壹而靜的究竟清明之外，荀子的另一道工夫，由概念而言是化性起僞，由教育而言是勸勉爲學，全面看來〈勸學〉正居於此一內聖結構之關鍵樞軸。內聖結構是靜態，但加上「學不可以已」的學習歷程，爲整個結構指出前進的方向。荀子的〈勸學〉下開《禮記》〈學記〉，由《論語》論學、《荀子》〈勸學〉至《禮記》〈學記〉，其間理路一脈相承。荀子思想抽掉性惡，無甚大影響，以天生性情仍能自圓其說，但如果抽掉勸學，內聖思想便失依歸。荀子的內聖思想至〈勸學篇〉而大功告成。

貳、荀子思想可以開出外王

　　外王的定義爲何？前言牟宗三以爲是「行王者之道」，余英時以爲是「天下有道」、「人間秩序的整體」，筆者名之爲「人間互相成全的文明秩序」。那麼荀子所展現的外王思想爲何？荀子的外王思想與內聖思想相同，也有結構。荀子所謂的外王結構，可由四個議題見微知著，第一個議題談戰國儒者自覺，第二個議題論禮，第三個議題論樂，第四個議題論天。

　　學界極少正視〈儒效篇〉，余英時是少數學者之一。余英時說儒是由社會學的角度點出荀子論儒的知識側面。除了社會學的角度之外，因著秦昭王的質疑，荀門師生在〈儒效篇〉中也完整鉤勒儒者的修養根據、工夫、境界次第與人格典範，這是一套完整的工夫與境界。荀子工夫修養有「孰禁我哉」的主體自覺，但他並未如孟子暢談主體自由，而是因應秦王之問想明確釐清自我定義與角色認同。其中的特殊之處在於，荀子的道德修爲具有認知的基礎，道德層面的內聖修養可證成政治層面的外王事業，但不停留在政治性，繼續展現內在超越性格。

　　在〈禮論篇〉中，荀子論禮推崇周公的制禮作樂，這是歷史曾經出現最合宜的人間文明秩序。在孔孟的時代試圖努力解決諸侯間的僭越現象，即如何讓禮樂形式與內容相符應。孔孟提出的方法是返回理性自覺與先驗善性，彰顯禮樂的內在精神，但只有內容與形式雙美，似乎仍然不能完全緩和荀子之時所面臨的實際處境。

　　孔子由仁德內在、孟子由性善超越來充實禮儀形式，如果此法奏效，理應帶來長治久安，但爲何中土爭戰愈演愈烈，這不由得讓荀子重新整理命題，

他從中土爭亂的現象倒回去推測人生而有欲導致在上位者野心勃勃、互相兼併，如此才能順理成章解釋眼前現象，但他的重點不在於譴責人生而有欲，所以他沒有放棄仁德內在、性善先驗，只是更強調如何安排人間的文明秩序。結合第三章的內聖結構，我們可以得知荀子以為凡聖皆秉有人之常情，聖人因能虛壹而靜得大清明心，能化性起偽，能不已積學，故能制禮作樂，眾人與聖人的差別只在於是否願意積學禮義。人生而有欲，在荀子不是全稱命題，而是特稱命題，人生而部分有欲，但也有美好的部分，荀子非常隱微地保留內在仁德與先驗善性，但凸顯人生而有欲不一樣的人性假設，如此才能名正言順加上層層工夫修養的要求，企圖重新安排互相成全的人間文明秩序，再一次重振先王禮樂，內聖工夫與外王的禮樂事業相為表裏。

荀子在〈勸學篇〉以「學」為人獸之別，「為之，人也；舍之，禽獸也。」為之與捨之隨人自覺。所學為何？終乎讀禮。荀子人間的禮義在〈禮論篇〉中可見欲重新安排互相成全的文明秩序，其內涵包括以分與養來調節人天生的性情、注重天地君親師之本根、強調節文貴本始以及動態的平衡調理，調理得宜，可次第開展出荀子理想中的天地境界。原典並未出現縱貫全篇的道論，道論係隱藏於〈禮論〉之中，是故討論荀子論禮即是討論荀子之道。孔孟論禮至荀子成一完備的禮學，荀子以此非十二子，亦以此影響後世。

解讀〈樂論篇〉必須對荀子結合本能性情與人間文明秩序的主張才能準確看出他完整的構想。面對墨子的指控，荀子隨孔孟的內向思路潛入本能性情來審度，他從「人情之所必不免也」的角度讓音樂的合法性先立於不敗之地。

先王具清晰分明心知意識的主體是認知主體，也是情意主體，是以才能製作感人至深的音樂，才能循序漸進去調理本能性情，而達到各個主體，也就是群體間的共鳴，這份感性的共鳴與認知主體的不同側面，兩相兼顧，我們才能瞭解荀子論主體的各個面向。

有人情之常無妨，先王製雅頌之聲以化之導之，這層化導從工夫修養來說是化性起偽，從教育上說是勸人為學，在文化上來說即是禮樂教化的耳濡目染，是為聖人之偽。

音樂感動人心但其影響所及也可正可邪，荀子借由分析音樂的特質及其正反功效，荀子站在高處宏觀音樂對調理文明所作的貢獻，也進入人心、進入音樂本質微觀，在宏觀與微觀交錯進行之下，他以為先王主導音樂取向是

一個重要的轉環關鍵。有了先王所主導由內而外的動態漸進的化導工夫，即使有本能性情亦不至於亂。

在先王所主導的音樂政策之下，「和」是一個重要的特色，即荀子的思想——動態的平衡調和。審一以定和，此和是起於樂曲內部的和諧帶來演奏者與聆聽者的共鳴，再借由音樂欣賞而達社會上下和樂融融，這種共鳴之樂不是外在的制度形式，是感動人心的人文藝術，可彌補過度注重禮義所造成的人際鴻溝。借禮之區分與樂之和合雙管齊下漸次化性起偽教導人民，這是荀子思想中最典型、最重要的動態平衡和諧，兩者不可偏廢，共同構成荀子人文化成思想的一大特色。

墨子在反對音樂的眾多角度當中並沒有提及音樂由認知主體內部的縱橫結構的沉澱與轉化，以及轉化後自然散發感染群體的效應，但荀子以為透過這層特殊的濡染可達成文化上的化民成俗。

荀子以為先王制定一套化性起偽的音樂教化能夠循序漸進化民成俗，此外，更能增加人民的戰鬥力，荀子所談的征誅不是原始的蠻力戰爭，而與揖讓兼具的文明理性力量。

「故鼓似天，鐘似地」將樂器與宇宙萬象做一聯結，而音樂與天地萬物之間呼應，來自於「積意譯譯」轉化後的心知意識對外的擴散與超越。這是由音樂演奏與天地四時合一，而移風易俗。在〈禮論篇〉我們看見荀子自有一套天人合一的說法，在〈樂論篇〉重複出現。

荀子的音樂自有天地，他以為先王理性與感性兼具的主體在音樂領域能去邪導正，讓百姓喜怒哀樂的性情因有所抒發而能趁機化導，因宗法制度中的上下同樂進而移風易俗、因兵勁城固而開展王道，他堅持鉤勒一幅人間世動態平衡調理和諧的禮樂境界。有因襲周孔禮樂文明，但創新的成份所在多有。

荀子的〈樂論篇〉發展出先秦儒家音樂理論的雛型，對於後世的影響貫串《呂氏春秋》、《禮記》〈樂記〉以及《史記》〈樂書〉。

由〈天論篇〉可見，本文題為內聖外王，荀子所欲關懷談論的範疇還及於天地宇宙。荀子論天從民國初年以降便是話題，荀子自然天的立場究竟可否開出科學價值，學界有正反兩方意見，筆者以為荀子的終極關懷是調理人間互相成全的文明秩序，若荀子生在當代將會發展科學，甚或會基於動態的平衡和諧原則，修正科學發展的路線。荀子為何要將孔孟原本完備的天人合

一思想做一轉向，若要將此中緣由說明清楚，建議可參酌彼時齊國顯學鄒衍的陰陽五行之說，甚至可爲聚訟多年的思孟五行開闢新的解釋角度。傅佩榮自統治者、創生者、載行者、審判者與啓示者，將宗教天而道德天而自然天的轉變闡釋得更爲明晰。〈天論篇〉名爲論天，但無論天行有常或天行無常，重點在於人爲。傅佩榮所言審判者與啓示者的功能在荀子之時由聖人或君子掌管。何謂人爲？人可以做的是因應、順應。如果人能清其天君、彊本而節用、養備而動時、脩道而不貳，這便是應之以治。「故君子敬其在己者，而不慕其在天者；小人錯其在己者，而慕其在天者。」此處把天人討論攝入內省修爲。

　　〈天論篇〉的主旨在強調人的工夫修爲，但如果加上〈性惡篇〉、〈解蔽篇〉、〈勸學篇〉、〈禮論篇〉與〈樂論篇〉文中不約而同的天地語言，我們可以發現銜接著主體修爲之後，自有一番遼闊的超越境界，這是荀子的內在超越，含蓄隱藏於字裡行間，值得論荀者留意。

參、荀子的內聖與外王思想相貫通

　　荀子思想的特色是天生人成，這是學界共識，筆者由內聖與外王來談荀子的人文化成之道，由本文可見荀子原典載有一重又一重的內聖工夫，內聖工夫是外王的基礎，由〈勸學篇〉、〈儒效篇〉、〈禮論篇〉、〈樂論篇〉與〈天論篇〉可見看似論外王又回到內聖境界，內聖與外王在荀子思想之中是爲一環。

　　以上八個議題各自獨立、層層向外擴展也彼此環環相扣。在第二章我們曾介紹荀子所處的時代環境，在第三章與第四章我們看見他點出時代環境的重要議題，不只點出時代環境的議題，而且還是結構性的點出，不只結構性的點出，尚且圖繪心中可長可久的文明願景，修身即治國，君子理天地，筆者名之爲「同理共構」，至此章可見荀子由內聖而外王的思想系統建立完成。余英時道：「『內聖外王』是一個連續不斷的活動歷程，最後將導致合理的人間秩序的實現。」誠不誣也。秩序的背後意義是什麼？秩序背後隱藏的是人與人之間的完整與成全，這讓我們不禁憶起許愼在《說文解字》記載仁的定義：「仁，親也。從人二。」〔註 2〕這是對人間文明樸素而根本的定義，余英時所謂內聖與外王之間連續不斷的活動歷程有其內在理路。

_____

〔註 2〕 段玉裁注曰：「會意。」《說文解字注》（臺北市：藝文印書館，1979 年），頁369。

肆、戰國儒家思想賴荀子而延續

　　章學誠於《校讎通義》曰:「校讎之義,蓋自劉向父子,部次條別,將以辨章學術,考鏡源流,非深明於道術精微,群言得失之故者,不足與此。」〔註3〕什麼是儒家?歷代不斷在重新詮釋何謂儒家,如果我們不反對儒家思想涵蓋經學,不反對勸學、論儒、論禮、論樂等都是儒家關懷的議題,便可看出荀子在戰國末年與漢初承先啟後的地位。

　　一、傳經:汪中在《荀卿子通論》一書引《經典敘錄》、《漢書・楚元王交傳》、《漢書・儒林傳》諸書,條陳毛詩、魯詩、韓詩、左氏春秋、穀梁春秋、曲臺之禮與易學等流傳系譜,並評曰:「蓋自七十子之徒既歿,漢諸儒未興,中經戰國暴秦之亂,六藝之傳賴以不絕者,荀卿也。」〔註4〕徐平章在《荀子與兩漢儒學》,對於流傳系譜有詳細論述與列表,〔註5〕如果以上二位所言屬實,則漢代經學家多為荀子的傳人。二、勸學:荀子重學,余英時以為乾隆時代的考證學不但重新發現了荀子,而且還自覺地發揚荀子重「學」的傳統。王符著《潛夫論箋》,文中有彭鐸注曰:「諸子多勉人為學。尸子、荀子、大戴禮記、賈子皆有〈勸學篇〉,《抱朴子》有〈勖學〉,《顏氏家訓》有〈勉學〉。」三、論儒:荀子論儒的四個面向開啟後世論儒的基本雛形,遠者如《禮記》、《鹽鐵論》、董仲舒,近者如熊十力、胡適與余英時。四、禮樂:在荀子論禮樂之後,賈誼《新書・禮論篇》、董仲舒的〈天人三策〉、司馬遷《史記・禮書》、《樂書》,班固《漢書・禮樂志》,甚至在尼微遜(David S. Nivision)對於宋代歐陽修《新唐書》的研究,都可以看見禮樂思想一脈相承的蹤跡。

　　本文所討論傳經、勸學、論儒、論禮樂等面向,在漢代及其後期皆脈絡分明,我們必須正視這位在戰國儒者,才能清楚說明春秋儒學如何度過戰國,在漢代及其以後復甦。

伍、荀子對於當代社會之必謂

　　張子立在其博論所談的三種內聖外王基本上是在傳統的宗法社會,宗法社會的運作是一套文明秩序,然而如果來到當代的民主自由社會,那又是另

〔註3〕　章學誠:〈校讎通義敘〉,《校讎通義》(臺北市:華世出版社,1980年),頁559。
〔註4〕　《荀子集解》(臺北市:世界書局,2005年),頁23~25。
〔註5〕　徐平章:《荀子與兩漢儒學》(臺北市:文津出版社,1988年),頁112~126。

一系統的文明秩序，而且這套新秩序顯然還在型塑之中。如果荀子來到自由民主的當代，首先，他也會運用名學思維將當代重大議題分門別類逐一定義與描述，逐一討論解決方案，重要的是構成思想體系。準本篇所探討的議題而言，他一樣會潔身自愛談重重的內聖工夫，對內在心性作深度的自我反省：兼陳萬物以解蔽、虛壹而靜大清明、化性起偽勤勸學。在外王的部分，面對當代自由民主的社會，荀子會繼續論儒，檢討儒者在社會中的角色與定位，或說思考當代知識分子的內涵。他的終極關懷是重建人間的文明秩序，在宗法社會所致力的禮樂教化，其制度形式或許不全然適用民主自由的社會〔註6〕，但如何在民主自由的社會運作出一套互相成全的文明新秩序，仍是這個時代所關心與正在學習的課題。天生人成這個議題，雖然荀子來到當代已不用面對鄒衍的陰陽五行，但當代共同面臨全球暖化，秉持天生人成的原則，荀子應該會贊成節能減碳的環保活動。在內聖外王的架構中，《荀子》的首篇是〈勸學篇〉，「學不可以已。」「學至於行而止矣」，荀子對能夠化性起偽的教育寄望最深，這是他為人文化成之道所指出的具體方向。

　　筆者少時即好中華文化現代化，在現代弘揚中華文化，荀子思想可以如此做以上詮釋，希望荀子思想在中華文化現代化的道路上亦能略盡心力。

─────────────

〔註 6〕 荀子思想有開出民主與科學的潛能，然此部分若要細論，牽涉甚廣，靜待來日。

論文參考書目

一、荀子原典

1. 唐・楊倞注，清・王先謙集解：《荀子集解》，臺北市：世界書局，2005年。
2. 清・王先謙撰，沈嘯寰、王星賢點校：《荀子集解》，北京市：中華書局，1997年。
3. 李滌生：《荀子集釋》，臺北市：臺灣學生書局，1978年。

二、古籍（按時代排列）

1. 清・阮元重刊，《十三經注疏》，臺北市：藝文印書館，1985年。據清嘉慶二十年江西南昌府學開雕本影印。
2. 魏・王弼撰，樓宇烈校釋：《老子周易王弼注校釋》，臺北市：華正書局，1983年。
3. 清・孫詒讓：《墨子閒詁》，臺北市：華正書局，1987年。
4. 戰國・莊周著，清・郭慶藩輯，《莊子集釋》，臺北市：河洛圖書，1974年。
5. 戰國・呂不韋輯，漢・高誘注，清・畢沅校：《呂氏春秋》，臺北市：臺灣中華書局，1971年。
6. 清・戴望校：《管子》，臺北市：臺灣商務印書館，1956年。
7. 西漢・韓嬰撰：《韓詩外傳》，北京市：中華書局，1985年。
8. 西漢・賈誼撰，閻振益、鍾夏校注：《新書校注》，北京市：中華書局，2000年。
9. 西漢・司馬遷撰，裴駰集解、司馬貞索隱、張守節正義，《史記三家注》，臺北市：漢京文化事業有限公司，1981年。

10. 西漢・劉向集錄，范祥雍箋證，范邦謹協校：《戰國策箋證》，上海古籍出版社，2006 年。

11. 西漢・桑弘羊撰，王利器校注：《鹽鐵論校注》，北京市：中華書局，1992 年。

12. 東漢・王符撰，清・汪繼培箋，彭鐸校正：《潛夫論箋》，臺北市：大立出版社，1984 年。

13. 東漢・班固撰，顏師古注：《漢書》，臺北市：明倫出版社，1972 年。

14. 東漢・許慎撰，清・段玉裁注：《說文解字注》，臺北市：藝文印書館，1979 年。

15. 東漢・應劭撰，王利器校注：《風俗通義校注》，臺北市：明文出版社，1982 年。

16. 南朝宋・范曄撰，《後漢書》：臺北市：藝文印書館，1972 年。

17. 南宋・朱熹編：《河南程氏遺書》，臺北市：臺灣商務印書館，1978 年。

18. 北宋・蘇軾撰：《蘇東坡全集》，臺北市：河洛圖書出版社，1975 年。

19. 南宋・晁公武撰：《郡齋讀書志》，臺北市：臺灣商務印書館，1978 年。

20. 護法等菩薩造，三藏法師玄奘譯：《成唯識論》，《大正新脩大藏經》第三十一冊，No.1585。

21. 《唯識四論》，陳鵬釋譯，臺北市：佛光山宗務委員會，1988 年。

22. 清・錢大昕：《潛研堂文集》，臺北市：臺灣商務印書館，1979 年。

23. 清・章學誠：《文史通義》，臺北市：華世出版社，1980 年。

24. ———《校讎通義》，臺北市：華世出版社，1980 年。

三、專書（按姓名筆劃排列）

1. 方東美：《中國哲學之精神及其發展》，臺北市：成均出版社，1984 年。

2. 王師初慶：《漢字結構析論》，北京市：中華書局，2010 年。

3. 王師金凌：《劉勰年譜》，臺北市：嘉新水泥公司文化基金會，1976 年。

4. 王邦雄等著：《中國哲學史》，臺北市：里仁書局，2005 年。

5. 王廷洽撰：《荀子答客問》，上海人民出版社，1997 年。

6. 内山俊彥：《荀子》，東京市：講談社，1999 年。

7. 印順法師：《唯識學探源》，新竹市：正聞出版社，2003 年。

8. 《古史辨》，臺北市：藍燈文化，1987 年。

9. 牟宗三：《歷史哲學》，臺北市：臺灣學生書局，2000 年。

10. 牟宗三：《才性與玄理》，臺北市：臺灣學生書局，1985 年。

11. 牟宗三：《中國哲學十九講》，臺北市：臺灣學生書局，1983 年。

12. 牟宗三：《名家與荀子》，臺北市：臺灣學生書局，1979 年。

13. 余英時：《朱熹的歷史世界：宋代士大夫政治文化的研究》，臺北市：允晨文化，2003 年。

14. ———：《宋明理學與政治文化》，臺北市：允晨文化，2004 年。

15. ———：《中國知識階層史論》，臺北市：聯經出版事業公司，1980 年。

16. ———：《中國近代思想史上的胡適》，臺北市：聯經出版事業公司，1984 年。

17. 朱曉海：《荀子之心性論》，香港大學中文系，1993 年。

18. 江心力：《20 世紀前期的荀子研究》，北京社會科學出版社，2005 年。

19. 李明輝：〈儒學如何開出民主與科學〉，《儒學與現代意義》，臺北市：文津出版社，1991 年。

20. ———：《當代儒學之自我轉化》，南港：中央研究院中國文哲研究所，1994 年。

21. ———：〈性善說與民主政治〉，《孟子重探》，臺北市：聯經出版事業公司，2001 年。

22. 李哲賢：《荀子之名學析論》，臺北市：文津出版社，2005 年。

23. ———：《荀子之核心思想——「禮義之統」及其時代意義》，臺北市：文津出版社，1994 年。

24. 阮廷瑜：《戴君仁靜山先生年譜及學術思想之流變》，臺北市：國立編譯館，2008 年。

25. 吳文璋：《荀子樂論之研究》，臺南市：宏大出版社，1992 年。

26. 何信全：〈在傳統中探尋自由民主的根源——徐復觀對儒家政治哲學之新詮釋〉，收入李明輝主編：《當代新儒家人物論》，臺北市：文津出版社，1994 年。

27. ———：《儒學與現代民主——當代新儒家政治哲學研究》，臺北市：中央研究院中國文哲所籌備處，1996 年。

28. 佐藤將之：《參於天地之治：荀子禮治政治思想的起源與構造》，臺北市：臺大出版中心，2016 年。

29. ———：《荀學與荀子思想研究：評析・前景・構想》，臺北市：萬卷樓，2015 年。

30. 林宏星：《合理性之尋求：荀子思想研究論集》，臺北市：台灣大學出版中心，2011 年。

31. 林毓生：《政治秩序與多元社會》，臺北市：聯經出版事業公司，1989 年。

32. 林麗娥：《先秦齊學考》，臺北市：臺灣商務印書館，1992 年。

33. 周志煌：《物類與倫類——荀學觀念與近現代中國學術話語》，臺北市：洪葉文化事業有限公司，2013 年。

34. 金春峰：《漢代思想史》，北京市：中國社會科學出版社，1987 年。

35. 胡適：《中國古代哲學史》，臺北市：臺灣商務印書館，1982 年。

36. ———：《中國中古思想史長編》，南港：胡適紀念館，1971 年。

37. 俞仁寰：《從類字透視荀子政治思想之體系》，臺北市：國立臺灣大學法學院，1962 年。

38. 唐君毅：《中國哲學原論·原道篇》，臺北市：臺灣學生書局，1986 年。

39. ———：《中國哲學原論·原性篇》，臺北市：臺灣學生書局，1984 年。

40. 唐雄山：《賈誼禮治思想研究》，廣州市：中山大學出版社，2005 年。

41. 馬積高：《荀學源流》，上海古籍出版社，2000 年。

42. 韋政通：《中國思想史》，臺北市：大林出版社，1985 年。

43. 徐復觀：《中國人性論史》，臺北市：臺灣商務印書館，1988 年。

44. ———：《儒家政治思想與民主自由人權》，臺北市：臺灣學生書局，1988 年。

45. 夏甄陶：《論荀子的哲學思想》，上海人民出版社，1979 年。

46. 章太炎撰，龐俊、郭誠永疏證：《國故論衡疏證》，北京市：中華書局，2008 年。

47. 梁啓雄：《荀子柬釋》，臺北市：華正書局，1974 年。

48. 梁啓超：《要籍解題及其讀法》，臺北市：臺灣中華書局，1976 年。

49. ———：《中國歷史研究法》，臺北市：臺灣中華書局，1961 年。

50. 張春興：《心理學原理》，臺北市：東華書局，2002 年。

51. 張壽安：《「以禮代理」——凌廷堪與清代中葉儒學思想之轉變》，臺北市：中央研究院近代史研究所，1994 年。

52. 張灝：《幽暗意識與民主傳統》，臺北市：聯經出版事業公司，1989 年。

53. 陳大齊：《荀子學說》，臺北市：中國文化大學，1989 年。

54. ———：《孟子性善說與荀子性惡說的比較研究》，臺北市：中央文物供應社，1953 年。

55. 陳飛龍：《荀子禮學之研究》，臺北市：文史哲出版社，1979 年。

56. 陸建華：《荀子禮學研究》，合肥市：安徽大學，2004 年。

57. 曾春海：《中國哲學史綱》，臺北市：五南出版社，2012 年。

58. ———：《儒家哲學論集》，臺北市：文津出版社，1989 年。

59. 勞思光：《新編中國哲學史》，臺北市：三民書局，1997 年。

60. 馮友蘭：《中國哲學史》臺北市：臺灣商務印書館，1993 年。

61. 傅偉勳：《從創造的詮釋學到大乘佛學》，臺北市：東大圖書公司，1990 年。

62. 傅斯年：《傅斯年全集》，臺北市：聯經出版事業公司，1980 年。

63. 傅佩榮：《儒道天論發微》，臺北市：聯經出版事業公司，2010 年。

64. 過常寶：《先秦散文研究：早期文體及話語方式的生成》，北京市：人民出版社，2009 年。

65. 黃師湘陽：《先秦天人思想述論》，臺北市：文史哲出版社，1984 年。

66. ───：《孔孟荀心性天人理論析探》，臺北市：文史哲出版社，1980 年。

67. 黃俊傑：《孟學思想史論》，臺北市：東大圖書公司，1991 年。

68. 黃錦鋐：《新譯莊子讀本》，臺北市：三民書局，1983 年。

69. 楊長鎮：《荀子類的存有論研究》，臺北市：文津出版社，1996 年。

70. 楊家駱：《新編朱子集成》，臺北市：世界書局，1972 年。

71. 楊華：《先秦禮樂文化》，湖北教育出版社，1997 年。

72. 楊寬：《戰國史》，臺北市：臺灣商務印書館，1997 年。

73. 楊筠如：《荀子研究》，臺北市：臺灣商務印書館，1968 年。

74. 楊蔭瀏：《中國古代音樂史稿》，臺北市：丹青圖書，1985 年。

75. 楊儒賓：《儒家身體觀》，臺北市：中央研究院文哲研究所，1996 年。

76. 鄔昆如：《西洋哲學史話》，臺北市：三民書局，1985 年。

77. ───：《西洋哲學史》，臺北市：正中書局，1971 年。

78. 廖名春：《荀子新探》，臺北市：文津出版社，1994 年。

79. 褚伯思：《中國軍事史話》，臺北市：黎明文化事業有限公司，1980 年。

80. 熊十力：《原儒》，臺北市：明文書局，1988 年。

81. ───：《讀經示要》，臺北市：明文書局，1987 年。

82. 鄧小虎：《荀子的爲己之學：從性惡到養心以誠》，北京市：北京大學出版社，2015 年。

83. 蔡仁厚：《孔孟荀哲學》，臺北市：臺灣學生書局，1984 年。

84. 鄭肇楨：《心理學概要》，臺北市：五南出版社，1989 年。

85. 駱瑞鶴：《荀子補正》，武昌市：武漢大學出版社，1997 年。

86. 錢大昕：《潛研堂文集》，臺北市：臺灣商務印書館，1979 年。

87. 錢穆：《國史大綱》，臺北市：國立編譯館，1983 年。

88. ───：《先秦諸子繫年下》，香港大學，1967 年。

89. 戴靜山:《戴靜山先生全集》,臺北市:戴靜山先生遺著編委員會,1980年。

90. 譚家健:《先秦散文藝術新探》,濟南市:齊魯書社,2007年。

91. 譚維四:《曾侯乙墓》,北京市:文物出版社,2001年。

92. 羅光:《中國哲學思想史》,臺北市:先知出版社,1975年。

93. 嚴靈峰編輯:《無求備齋荀子書目集成》,臺北市:成文出版社,1977年。

94. 嚴耕望:《嚴耕望史學論文選集》,臺北市:聯經出版社,1991年。

四、學位論文(按姓名筆劃排列)

1. 伍振勳:《荀子「天生人成」思想的意義新探》,國立清華大學中文研究所博士論文,2005年。

2. 朱芳儀:《荀子與周易關係研究》,臺灣師範大學國文研究所碩士論文,2015年。

3. 林建邦:《荀子理想人格類型的三種境界及其意義——以士、君子、聖人爲論述中心》,政治大學國文研究所碩士論文,2004年。

4. 涂豔秋:《荀子禮學研究》,輔仁大學中文研究所碩士論文,1980年。

5. 張勻翔:《攝王於禮、攝禮於德——荀子之智德及倫理社會建構之意涵》,輔仁大學哲學研究所博士論文,2007年。

6. 陳禮彰:《荀子人性論及其實踐研究》,師範大學國文研究所博士論文,2009年。

7. 潘小慧:《從解蔽心看荀子的知識與方法學》,輔大哲學研究所碩士論文,1986年。

8. 盧永鳳:《社群主義視野下的荀子政治哲學研究》,山東大學中國哲學研究所博士論文,2011年。

9. 蘇郁銘:《近十年(1994~2003)來美國的荀子研究》,雲林科技大學漢學資料整理研究所碩士論文,2004年。

五、期刊論文(按姓名筆劃排列)

1. 王邦雄:〈由老莊道家析論荀子的思想性格〉,《鵝湖學誌》第 27 期(2001年 12 月)。

2. 王博:〈論《勸學篇》在《荀子》及儒家中的意義〉,《中國哲學》第五期(2008 年)。

3. 尹建宏:〈論孔子、孟子、荀子樂舞思想的流派與承變〉,《忻州師範學院學報》第 19 卷第 6 期(2003 年)。

4. 白奚：〈稷下學宮歷史經驗的啓示與思考〉，《管子學刊‧稷下學研究》第 3 期（1994 年）。

5. 朱曉海：〈書評柯雄文〉，《中國文哲研究集刊》（2007 年 9 月）。

6. 伍振勳：〈荀子的「身、禮一體」觀──從「自然的身體」到「禮義的身體」，《中國文哲研究集刊》第 19 期（2001 年 9 月）。

7. 李明輝：〈由「內聖」向「外王」的轉折──現代新儒家的政治哲學〉，《中國文哲研究集刊》，第 23 期（2003 年 9 月）。

8. 李則芬：〈春秋戰國間戰爭形態的演變〉，《三軍聯合月刊》18：4（1980 年 6 月）。

9. 李師毓善：〈孔子自述生平──以《論語》爲例〉，《輔仁國文學報》〔增刊〕（2006 年 1 月）。

10. 吳震：〈對「內聖外王」的一種新詮釋──就余英時《朱熹的歷史世界》而談〉，《國學學刊》第 2 期（2010 年）。

11. 佐藤將之：〈二十世紀日本荀子研究之回顧〉，《國立政治大學哲學學報》第 11 期（2003 年 12 月）。

12. 余英時：〈漢、晉之際士之新自覺與新思潮〉，《新亞學報》第 4 卷第 1 期（1959 年 8 月）。

13. 林安梧：〈後新儒學的新思考：從外王到內聖──以「社會公益」論爲核心的儒學可能〉《鵝湖》第 350 期（2004 年 8 月）。

14. 林宜均：〈董仲舒對荀卿「天人關係」之承襲與轉化〉，《第一屆先秦兩漢學術全國研究生論文發表論文集》，臺北市：輔仁大學中國文學系，1997 年。

15. 金谷治：〈賈誼と賈山と經典學者たち── 漢初儒生の活動（二）〉《東洋の文化と社會》第 6 集（1957 年 12 月）。

16. 金師祥恆：〈釋生〉，《中國文字》第五冊，臺北市：國立台灣大學文學院古文字學研究室，1961 年。

17. 周熾成：〈荀子人性論：性惡論，還是性樸論？〉，《江淮論壇》第 5 期（2016 年）。

18. 林佳榛：〈荀子性樸論的提出及評議〉，《邯鄲學院學報》第 1 期（2016 年）。

19. 《政治大學哲學學報》（2003 年 12 月），政大哲學系。

20. 胡正之：〈「人之命在天」與先秦儒家天命觀辨析〉，《輔大國文學報》第 26 期（2008 年 4 月）。

21. ───：〈儒家聖人觀念在戰國之發展〉，《輔仁國文學報》第 22 期（2006 年 7 月）。

22. 郝大維、安樂哲（David L. Hall & Roger T. Ames）:〈孔子思想中「義」概念涵義的再檢討〉,《史學評論》第 8 期（1984 年 7 月）。

23. 孫開泰:〈論三晉古文化對春秋戰國諸子百家爭鳴的影響〉,《邯鄲技術學院學報》第 4 期（2006 年）。

24. 夏春梅:〈從《墨子》〈非樂〉談《荀子》〈樂論〉,《輔大中研所學刊》第 19 期（2008 年）。

25. ───:〈《楚漢春秋》初探〉,《輔大中研所學刊》第 14 期（2005 年）。

26.《哲學與文化》（2007 年 12 月）,輔大哲學系。

27. 徐珮:〈孟康生平及著述考略〉,《湖北成人教育學院學報》第 13 卷第 6 期（2007 年）。

28. 孫開泰:〈論三晉古文化對春秋戰國諸子百家爭鳴的影響〉,《邯鄲技術學院學報》第 4 期（2006 年）。

29. 原誠士:〈荀子研究文獻目錄〉,《東洋古典學研究》集 4（1997 年）。

30. 袁信愛:〈荀子的生死觀及其禮義之學〉,《哲學年刊》第 10 期（1994 年 6 月）。

31. 張云翔:〈本於立人道之荀子「不求知天」與「知天」觀之智德內涵〉,《哲學與文化》第 34 卷第 12 期（2007 年 12 月）。

32. 張亨:〈荀子禮法思想試論〉,《台大中文學報》第 2 期（1988 年）。

33. ───:〈荀子對人的認知及其問題〉,《文史哲學報》第 20 期（1971 年）。

34. 張岱年:〈稷下學宮的歷史意義〉,《管子學刊‧稷下學研究》第 1 期（1994 年）。

35. 張銀樹:〈《禮記‧學記》教育思想之析論〉,《輔仁國文學報》第 16 期（1990 年）。

36. 陳平坤:〈荀子的「類」觀念及其通類之道〉,《台大哲學評論》第 31 期（2006 年 3 月。）

37. 陳忠信:〈新儒家「民主開出論」的檢討──認識論層次的批判〉,《臺灣社會研究季刊》第 1 卷第 4 期（1988 年冬季號）。

38. 陳萬鼐:〈中國上古時期的音樂制度（西元前 11 世紀至前 221 年）試釋「古樂經」的涵義〉,《東吳文史學報》第 4 期（1990 年）。

39. 陳師福濱:〈荀子的禮論思想及其價值〉,《哲學與文化》第 35 卷第 10 期（2008 年 10 月）。

40. 曾春海:〈荀子思想中的統類與禮法〉,《孔孟月刊》第 20 卷第 2 期（1981 年 10 月）。

41. 黃師湘陽:〈《荀子》軍事思想〉,《輔仁國文學報》第 17 期（2001 年 11 月）。

42. 楊儒賓：〈人性、歷史契機與社會實踐——從有限的人性論看牟宗三的社會哲學〉，《臺灣社會研究季刊》第 1 卷第 4 期（1988 年冬季號）。

43. 董林亭、張潤澤：〈荀子與趙文化〉，《邯鄲學院學報》第 15 卷第 4 期（2005 年 12 月）。

44. 《漢學研究集刊》，雲林科技大學漢學資料整理研究所（2006 年 12 月）。

45. 趙師中偉：〈「仁」的詮釋之轉化與延伸——以朱熹《論語集注》爲例〉，《輔仁國文學報》〔增刊〕，2006 年 1 月。

46. 蔣年豐：〈法政主體與現代社會——當前儒家應思考的問題〉，《中國文化月刊》第 111 期（1989 年 1 月）。

47. 蔡錦昌：〈細柔的一與粗硬的一——評德國漢學界的兩種荀子研究〉，《漢學研究》第 25 卷第 2 期（2007 年 12 月）。

48. ———：〈「不若」說變成「基於」說——檢討臺灣的荀子研究，「荀子研究的回顧與開創國際學術研討會」，雲林科技大學漢學資料整理研究所（2006 年 2 月）。

49. 劉又銘：〈合中有分——荀子、董仲舒天人關係論新詮〉，《臺北大學中文學報》第 2 期（2007 年 3 月）。

50. ———：〈從「蘊謂」論荀子哲學潛在的性善觀〉，「孔學與二十一世紀」國際學術研討會論文集》，臺北市：政大文學院，2001 年。

51. 劉文起：〈楊倞《荀子》注之學術成就〉《中正中文學報年刊》第 4 期（2001 年 12 月）。

52. ———：〈從義理及史實探討楊倞注《荀子》之缺失〉，《世新大學人文社會學報》第 4 期（2003 年 5 月）。

53. 蔡德貴：〈稷下學宮興衰原因論〉，《遼寧師範大學學報》第 4 期（1999 年）。

54. 潘小慧：〈禮義、禮情及禮文——荀子禮論哲學的特點〉，《哲學與文化》第 35 卷第 10 期（2008 年 10 月）。

六、論文集（按姓名筆劃排列）

1. 干學平、黃春興：〈荀子的正義理論〉，《正義及其相關問題》（戴華、鄭曉時主編，南港：中央研究院中山人文社會科學研究所，1991 年）。

2. 王師金凌：〈荀子與子思〉，《徐文珊教授百歲冥誕紀念論文集》，臺北市：文史哲出版社，1999 年。

3. 陳昭瑛：〈荀子的音樂思想：從宇宙論到公共感性的形成〉，《林文月先生學術成就與薪傳國際學術研討會論文集》，臺北市：國立臺灣大學中國文學系，2014 年。

4. 鄧小虎：〈荀子：性惡和道德自主〉，《求索之跡：香港中文大學哲學系六十周年系慶論文集・校友卷》（劉國英、張燦輝編，香港中文大學出版，2009年）。

5. 《「荀子思想的地位和價值國際學術研討會」論文集》（2012年），河北邯鄲學院。

6. 《「傳統中國倫理觀的當代省思」國際學術研討會論文集》（2008年），臺大哲學系。

7. 《「儒學全球論壇荀子思想當代價值國際學術研討會」論文集》（2007年），山東大學儒學研究中心、山東省臨沂市委宣傳部、蒼山縣人民政府、臨沂市社會科學聯合會。

七、外文參考書目

1. 日・大室幹雄：〈「荀子における論理學的思考──その構造と本質と機能」〉，《日本中國學會報》，第18集（1966）。

2. 日・金谷治：〈荀子の文獻學的研究〉，《日本學士院紀要》No1，（1951）。

3. 日・蟹江義丸：〈荀子學說の心理的基礎に就きて〉，《東洋哲學》編10號8（1903）。

4. 韓・金勝惠：《原始儒教》，漢城市：民音社，1990年。

5. 尼微遜（David S. Nivision）等著：《儒家思想的實踐》，臺北市：臺灣商務印書館，1980年。

6. Dubs, Homer H.（德效騫）. *Hsuntze: The Moulder of Ancient Confucianism*. London: Probsthain & Co, 1927.

7. Duyvendak, J. J. L.（戴文達）. "The Chronology of Hsuntzu." *T'oung Pao* 26.1～5（1929）：73～95.

8. Hergenhahnn, B. R. 王文科、王智弘譯：《學習心理學》，臺北市：五南出版社，1989年。

9. Hsu, Cho-yun.（許倬雲）. *Ancient China in Transition: An Analysis of Social Mobility, 722～222 B.C.* Stanford: Stanford University Press, 1965.

10. Koenig, Samuel.（柯尼格），朱岑樓譯：《社會學》，臺北市：協志工業叢書，1986年。

11. Köster, Hermann. *Hsün-Tzu ins Deutsch übertragen*. Kaldenkirchen: Steyler Verlag, 1967.

12. Kubin, Wolfgang. *Die Bildung des Menschen.* Verlag Herder GmdH, 2015.

13. Munro, Donald. 丁棟、張興東譯：《早期中國「人」的觀念》，北京大學出版社。

14. ———, "A Villain in the Xunzi." *Chinese Language, Thought, and Culture-Nivison and His Critics*. Ed. Philip Ivanhoe. Chicago: Open Court, 1996.

15. Parsons, T. "Introduction." *The Sociology of Religion*. Max Webber. Trans. Ephraim Fishoff. Boston: Beacon Press, 1964.

16. ———, "The Intellectual: A Social Role Category." *On Intellectuals: Theoretical Studies, Case Studies*. Ed. Philip Rieff. Garden City, N.Y.: Doubleday & Company, 1969.

17. Pines, Yuri. 高君和譯:〈新舊的融合:荀子對春秋思想傳統的重新詮釋〉,《國立政治大學哲學學報》第 11 期(2003 年 12 月)。

18. Rawls, John. *A Theory of Justice*《正義論》,臺北市:結構群文化事業有限公司,1990 年。

19. Sato, Masayuki.(佐藤將之). *Confucian State and Society of Li: A Study on Political Thought of Xun Zi*. Netherlands:University of Leyden, 2001.

20. Slavin, Robert E.王明傑,陳玉玲譯:《教育心理學:理論與實務》,臺北市:學富文化,2002 年。

21. Watson, Burton. *Hsun Tzu: Basic Writings*. New York: Columbia University Press, 1963.

八、工具書

1. 布魯格編著、項退結編譯:《西洋哲學辭典》,臺北市:先知出版社,1976 年。

2. 劉君任:《中國地名大辭典》,臺北市:文海出版社,1967 年。

3.《歷代地理沿革表》,臺北市:鼎文書局,1973 年。

附錄一：荀子年譜

1. 荀子年譜

BC	秦	韓	魏	趙	楚	燕	齊
320							319 宣王元年
316				約316 荀子生			
312							
308							
304							
300							300：15 湣王元年 游齊
296							
292							
288					286 入楚		286：29
284						284 燕齊大戰	283 襄王元年
280							
276							
272							
268	266 范雎 為相						

BC	秦	韓	魏	趙	楚	燕	齊
264	266～260 入秦			265～260 入趙			264 齊王建元年
260	260 白起敗趙於長平						
256					255：60 春申君任荀卿爲蘭陵令		
252							
248							
244							
240					238：77 春申君卒		
236					荀子卒年不詳，約80餘歲		
232							

1. 這份荀子年譜不是終極真實的版本，只是趨近真實的版本。

   戰國史料散逸，不易取得精確繫年，筆者曾參考《史記‧六國年表》、楊寬《戰國史》以及《荀子》，繪製附錄所見〈戰國大事紀〉，是為本年譜製作之基礎。此處綜合考證各家版本，歸納出相關繫年，在表格中以黑體字標出，當作基礎定點，例如西元前 319 齊宣王元年，西元前 300 齊湣王元年，西元前 284 年燕齊大戰，西元前 283 襄王元年，西元前 266 年范雎為相，西元前 264 齊王建元年，西元前 260 白起勝趙於長平，西元前 255 春申君任荀卿為蘭陵令，西元前 238 春申君卒。箭頭為荀子生於趙國，游齊、秦、趙、楚等周遊路線，期待經由這些定點，補入荀子相關經歷，尋找一個趨近真實的荀子生平遊蹤。

2. 以荀子生平而言，綜合歸納前輩說法，年十五或年五十遊齊是個需要事先解決的議題。學界考證荀子何時遊齊多集中於文字考證，筆者建議拉開視野，觀照荀子一生行蹤，荀子生平必須全程妥善安排重要經歷的合理順序，才能究竟確認遊齊時間。如果荀子晚至年五十遊齊，以年譜看來，重點在

於荀子居齊時間不夠長，無法窺得原典所見齊文化對於荀子的深厚影響，另外史料所見遊秦、趙、楚的各地經歷，將不易納入周遊所經途徑。前輩學者如胡元儀、游國恩、梁啓超、Duyvendak、錢穆、夏甄陶與佐藤將之，皆從荀子年十五遊齊，開始安排荀子年譜。爲全程妥善納入生於趙、遊齊、訪秦趙、入楚等重要經歷，筆者沿續夏甄陶與佐藤將之的推測，將荀子生年訂於西元前約 316 年。

3. 學界或有遊燕之說，然綜合各項史料所見，推不出荀子遊燕的理由。

4. 年譜中列入遊秦、趙事蹟，皆有原典爲證。

5. 綜合各項史料所見，確認荀子晚年由楚國春申君任爲蘭陵令。

2. 司馬遷（BC145，135～BC86）

BC	秦	韓	魏	趙	楚	燕	齊
340							
336							
332							
328							
324							
320							319 齊宣王元年
316							
312							
308							
304							
300							300 齊湣王元年
296							
292							
288							？：50
284						284 燕齊大戰	283 襄王元年
280							
276							
272							
268	266 范雎爲相						
264							
260	260 白起敗趙於長平						
256					255 春申君任荀卿爲蘭陵令		
252							
248							
244							

BC	秦	韓	魏	趙	楚	燕	齊
240					238 春申君卒		
236					↓		
232					?		

參考〈孟子荀卿列傳〉，《史記三家注》（臺北市：漢京文化，1981 年），頁 941。楊寬：《戰國史・附錄》（臺北市：臺灣商務印書館，1997 年），頁 701～722。

司馬遷著《史記・孟子荀卿列傳》是荀子第一份正式的史料紀錄，其中所載第一件重要事蹟是年五十始來遊學於齊，第二件是田駢之屬皆已死齊襄王時，而荀卿最為老師，齊尚修列大夫之缺，荀卿三為祭酒。第三件是荀卿乃適楚，春申君以為蘭陵令。後春申君死，荀卿廢，因家蘭陵。

對於司馬遷所記載第一件年五十始來遊學於齊，如前所述，可再商議。然後人討論荀子生平便以司馬遷《史記・孟子荀卿列傳》為基礎，以之斟酌損益。

3. 劉向（BC77～BC6）

BC	秦	韓	魏	趙	楚	燕	齊
376							376 桓公十三年
372							
368							
364							
360							
356							
352							
348							348 齊威王九年
344							
340							
336							
332							
328							
324							？：50
320							319 齊宣王元年
316							
312							
308							
304							
300							300 齊湣王元年
296							
292							
288							
284						284 燕齊大戰	283 襄王元年
280							
276							

BC	秦	韓	魏	趙	楚	燕	齊
272							最 三
268	266 范雎爲相 入秦			←			爲 爲
264				入趙 ←	←		老 祭
260	260 白起敗趙 於長平						師 酒
256					255 春申 君任荀卿 爲蘭陵令 ←		←
252							
248				↔			
244							
240					238 春申君卒		
236							
232							

參考《荀子集解》（臺北市：世界書局，2005 年），頁 505～506。

劉向紀錄荀子生平遵循司馬遷，亦主張年五十來齊，劉氏所述荀子生平，比司馬遷多增加相關事蹟，例如荀卿善爲《詩》、《禮》、《易》、《春秋》，曾經入秦與入趙，蘭陵多善爲學，蓋因孫卿之故，長老至今稱之曰蘭陵人，至西漢有董仲舒曾作書美荀卿，讓荀子的面目更加清楚。

4. 汪中（AD1745～1794）

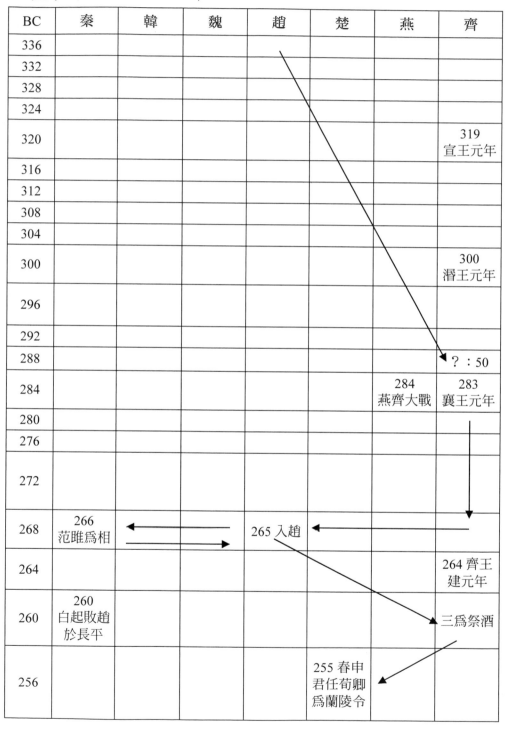

BC	秦	韓	魏	趙	楚	燕	齊
336							
332							
328							
324							
320							319 宣王元年
316							
312							
308							
304							
300							300 湣王元年
296							
292							
288							？：50
284						284 燕齊大戰	283 襄王元年
280							
276							
272							
268	266 范雎為相			265 入趙			
264							264 齊王 建元年
260	260 白起敗趙 於長平						三為祭酒
256					255 春申 君任荀卿 為蘭陵令		

BC	秦	韓	魏	趙	楚	燕	齊
252							
248					↓		
244					↓		
240					238 春申君卒		
236							
232					↓		
228					↓		
224					↓		
220					220 李斯 相秦。荀 卿百餘歲		
216							

　　參考《荀子集解》（臺北市：世界書局，2005 年），頁 35～36。

　　在漢代劉向之後，至清代汪中繼續繪製荀子年譜，汪中自言依據司馬遷與劉向考訂，他是第一位將荀子年譜以表格繪出的學者。

　　在訂定荀子生平之時，研究者必須審慎避開《史記》所載錯誤的齊國世系，齊湣王在位非如《史記・六國年表》所言四十年，錢穆〔註1〕與楊寬〔註2〕根據《竹書紀年》考證齊國威、宣、湣王年代詳審，十分值得參考，重訂為十八年為宜。齊世繫年稍有不慎，訂定荀子年譜遊齊之部自然隨之錯繆，汪中〈荀子年表〉即是一例。〔註3〕汪中所製的版本，荀子居齊時間稍短，但如果居齊時間短，荀子三為祭酒的經歷將難以安排。

　　但汪中年譜有一值得注意的事項為，汪中在《荀卿子通論》書中引《經典敘錄》、《漢書・楚元王交傳》、《漢書・儒林傳》諸書，條陳《毛詩》、《魯詩》、《韓詩》、《左氏春秋》、《穀梁春秋》、《曲臺之禮》與《易學》等流傳系譜，並評論道：「蓋自七十子之徒既歿，漢諸儒未興，中經戰國暴秦之亂，六藝之傳賴以不絕者，荀卿也。」〔註4〕

〔註1〕 錢穆：〈一二八齊湣王在位十八年非四十年其元年為周報王十五年非周顯王四十六年辨〉，《先秦諸子繫年下》（香港大學，1956 年），頁 395。

〔註2〕 楊寬：〈附錄〉，《戰國史》（臺北市：臺灣商務印書館，2005 年），頁 729。

〔註3〕 《荀子集解・考證》（臺北市：世界書局，2000 年），頁 28～29。

〔註4〕 《荀子集解》（臺北市：世界書局，2005 年），頁 23～25。

5. 胡元儀（AD1848～1908）

BC	秦	韓	魏	趙	楚	燕	齊
320							
316							
312							
308							
304							
300							300 齊湣王元年
296							
292							
288				←			？：15 說齊相
284					284 燕齊大戰		283 襄王元年
280					→		三
276							為
272							祭
268	266 范雎為相						酒
264							264 齊王建元年
260	260 白起敗趙於長平						
256					255 春申君任荀卿為蘭陵令 ←		
252	←			入趙議兵 ←			
248	→			反趙 →	復為蘭陵令		
244							
240					238 春申君卒		

BC	秦	韓	魏	趙	楚	燕	齊
236					↓		
232							
228							
224							
220							
216					213 李斯相秦 荀卿聞之 爲之不食		
212							

參考《荀子集解》（臺北市：世界書局，2005 年），頁 37～45。

清代學者胡元儀以爲荀卿年十五來遊學，並羅列荀子適楚，訪趙，入秦等相關史料。荀子確實曾經遊歷這三個國家，但前後順序應爲訪趙、入秦與適楚，詳細說明過程請見論文第二章。

6. 胡適（AD1891～1962）

BC	秦	韓	魏	趙	楚	燕	齊
320							319 宣王元年
316				315～ 310：0 荀子生			
312							
308							
304							
300							300 湣王元年
296							
292							
288							
284						284 燕齊大戰	283 襄王元年
280							
276							
272							
268	266 范雎爲相						
264							265～ 260：年 50 游齊
260	260 白起敗趙 於長平						
256	260～255 入秦			260～250 遊趙	255 春申君任 荀卿爲蘭 陵令		
252					250～238 爲蘭陵令		
248							

BC	秦	韓	魏	趙	楚	燕	齊
244							
240					238 春申君卒		
236							
232					230：荀子 年80～85		

　　參考胡適：《中國古代哲學史》（臺北市：商務印書館，1982 年。民國 8 年第一版。），頁 23～25。胡適在文中指出荀子的主要行蹤為年五十游齊，入秦見秦昭王與應侯，游趙見趙孝成王，游楚為蘭陵令，最後終老蘭陵。另外尚且考證〈孟子荀卿列傳〉，以為騶衍田駢之屬皆已死齊襄王之時，此點值得參考。

　　胡適版本的荀子生平游歷諸國順序無誤，唯時間可再做調整。年五十游齊的議題，說明已見前文。胡適設定荀子居齊時間稍短，果真如此，則無法妥善納入三為祭酒這段重要經歷。居楚時間稍長，但荀子原典中楚國的相關紀錄並不多見。

7. 游國恩（AD1899～1978）

BC	秦	韓	魏	趙	楚	燕	齊
320							319 宣王元年
316				314 荀子生			
312							
308							
304							
300							300：15 湣王元年 荀子遊齊
296							
292							
288							285：30 為齊國祭 酒 說齊 相適楚
284				284 燕齊大戰			283 襄王元年 282：33 再任祭酒
280							
276							
272							
268	266：49 范雎為相 荀子遊秦			265：50 歸趙			
264				261：54 議兵			264 齊王 建元年

BC	秦	韓	魏	趙	楚	燕	齊
260	260 白起敗趙 於長平						260：55 三爲祭酒
256				254：61 歸趙	255 春申君任 荀卿爲蘭 陵令 253：60 復爲 蘭陵令		
252							
248							
244							
240					238 春申君卒		
236							
232							
228							
224							
220					218：97 李斯相秦 荀子爲之 不食 217 荀子 年 98		
216							

參考《古史辯》（臺北市：藍燈文化，1987 年。原載《努力週報》之副刊〈讀書雜誌〉，1924 年），頁 94～104。

游國恩是自司馬遷以來第一位清楚繫年荀子生平足跡的學者，有較爲完整的荀子年表。他贊成荀子年十五遊齊，將三爲祭酒的時間記錄清楚，不認爲荀子遊燕，但入秦、訪趙。唯游國恩以爲荀子居楚時間甚長，不過荀子原典所見鮮少記載楚事。

8. 梁啟超（AD1873～1929）

BC	秦	韓	魏	趙	楚	燕	齊
320							319 宣王元年
316							
312				309 荀子生			
308							
304							
300							300 湣王元年
296							293：15 遊齊
292							
288							285：25 說齊相 未從適楚
284					284 燕齊大戰		283 襄王元年
280							284：26 三為 祭酒
276							
272							
268	266 范雎為相						268：42
264							
260	260 白起敗趙 於長平						
256					255 春申君任 荀卿為蘭 陵令		

BC	秦	韓	魏	趙	楚	燕	齊
252	？入秦 ←						
248	→			？入趙 →			
244					↓		
240					238 春申君卒		
236					236：72 荀卿廢居 蘭陵		
232							
228							
224							
220					↓		
216					213：95 李斯相秦		
212							

　　參考《古史辯》（臺北市：藍燈文化，1987 年。原載《要籍解題及其讀法》，1925 年），頁 104～115。

　　梁啟超贊成荀子年十五來齊。唯梁氏以為齊湣王在位四十年，此點於史實不符，詳細說明請見論文第二章。梁氏以為荀子先任蘭陵令，再遊秦、趙，荀子確實有三處經歷，但此處前後順序可稍作調整。

9. 戴聞達（Duyvendak，1889～1954）

BC	秦	韓	魏	趙	楚	燕	齊
300				300 荀子生			300 湣王元年
296							
292							
288							
284							
280							
276							
272							
288							285：15 說齊王 去齊
284					284 燕齊大戰		283 襄王元年
280							
276							
272							
268	266 范睢爲相						
264							264 齊王 建元年
260	260 白起敗趙 於長平						
256	255～246 入秦			255～246 入趙	255：45 春申君任 荀卿爲蘭 陵令		
252							
248							
244					240：60		
240					238 春申君卒		

BC	秦	韓	魏	趙	楚	燕	齊
					237：67 *再任* *蘭陵令*		
236					↓		
232					230:荀子 年 70		
228							

　　參考 Duyvendak, J.J.L., "The Chronology of Hsuntzu", *T'oung Pao* 26, 1929.

　　荷蘭漢學家戴文達曾與法國漢學家伯希和（Paul Pelliot，1878～1945）一起編輯著名的漢學期刊《通報》（T'oung Pao）達數十年，在本文中尊美國漢學家德效騫（Homer Hasenpflug Dubs，1892～1969）為前輩，以德效騫的《荀子》譯本為基礎，繼續進行荀子生平研究，他將最無爭議的西元前 255 年任蘭陵令，西元前 237 年春申君卒，當作兩個定點座標。他以為荀子於西元前 300 年出生，西元前 285 年十五入齊，標出兩次任蘭陵令的時間，也標出荀子入秦、趙的經歷。

　　以上所述大致無誤，唯兩次就任蘭陵令與史料所載不甚相符。

10. 錢穆（AD1895～1990）

BC	秦	韓	魏	趙	楚	燕	齊
342				340 荀子生			
338							
334							
330							
326							325：15 遊齊
322					320：20 遊燕		319：齊宣 王元年
318					316：24 燕噲王讓 國子之		
314							
310							
306							
302							300 湣王元年
298							
294							
290							286：54 離齊
286					286：54 離齊來楚 284：56 爲蘭陵令	284 燕齊 大戰	283 襄王 元年
282							
278							278：62 重返稷下 爲老師
274							
270							

BC	秦	韓	魏	趙	楚	燕	齊
266	266:范雎為相 264：76 遊秦						265：75 去齊 264 齊王建元年
262	260 白起敗趙於長平			261：79 入趙			
258				258：82 議兵	255 春申君任荀卿為蘭陵令		
254							
250							
246				245 荀卿年96			
242							
238					238 春申君卒		
234							

參考《古史辯》（臺北市：藍燈文化，1987 年。原載《史學雜誌》，1930 年），頁 115～123。

錢穆贊成荀子年十五始來遊學於齊。贊成荀子去燕。居齊時間長，符合原典記載，時分三段，敘述清楚。離齊後任蘭陵令，時序較前，不類諸家學者解釋；仔另外任期稍短，難以引起如《史記》所言蘭陵地區人民的緬懷。錢穆以為荀子晚年並非留楚為蘭陵令，而是留趙，但荀子對於人物品評極為嚴格，似乎沒有選擇趙國的理由。

11. 羅根澤（AD1900～1960）

BC	秦	韓	魏	趙	楚	燕	齊
320							319 宣王元年
316							
312				312：1 荀子生			
308							
304							
300							300 湣王元年
296							
292							
288					286 入楚		286：29
284					284 燕齊大戰		283 襄王元年
280							
276							
272							
268	266：47 范雎爲相 入秦						
264							264：49 齊王建元 年
260	260 白起敗趙 於長平						三爲祭酒
256					255 春申君任 荀卿爲蘭 陵令		
252				250：63 議兵			

BC	秦	韓	魏	趙	楚	燕	齊
248					245：68 再任 蘭陵令		
244							
240					238：75 春申君卒 荀卿廢 居蘭陵		
236							

　　參考《古史辨》（臺北市：藍燈文化，1987 年。1932 年補充舊稿《諸子概論講義》），頁 123～136。

　　羅根澤以爲梁啓超的研究定點是荀卿任蘭陵令，羅根澤以荀卿家蘭陵爲另一定點。他在文中主張荀子五十歲遊齊，不認爲荀子與燕國的子之同時，討論荀子遊秦、遊齊三爲祭酒、自齊適楚爲蘭陵令、由楚返趙議兵趙孝成王前，由趙返楚再爲蘭陵令。

　　然如此安排，居齊時間將非常短促，與原典豐富的齊國記載不甚相符。荀子直接前赴秦國似乎也無堅實理由。

12. 夏甄陶（AD1931～）

BC	秦	韓	魏	趙	楚	燕	齊
320				316 荀子生			319 宣王元年
316							
312							
308							
304							301：15 遊齊
300							300 湣王元年
296							
292							
288					入楚		285：32 離齊
284					284 燕齊大戰		283 襄王元年
280							278：38 三 為 祭
276							
272							
268	266 范雎為相						酒
264	264：53 入秦						264 齊王 建元年
260	260 白起敗趙 於長平						
256				255 春申君任 荀卿為蘭 陵令			
252							
248				247：60 入趙			

BC	秦	韓	魏	趙	楚	燕	齊
244							
240					238：79 春申君卒		
236					荀子卒 年不詳 ↓		
232							

　　參考夏甄陶：《論荀子的哲學思想》（上海人民出版社，1979 年），頁 25
～33。

　　在前輩學者的基礎上，夏甄陶的荀子年譜考訂漸趨詳審，唯入趙時間可
再斟酌。

13. 廖名春（AD1956～）

BC	秦	韓	魏	趙	楚	燕	齊
340							
336				336：荀子生			
332							
328							
324							
320							319 宣王元年
316					316：20 遊燕		
312							
308							
304							
300							300 湣王元年
296							
292							
288							286：50 入齊
284					284 燕齊大戰		285：51 283 襄王元年
280							279：57
276							
272							
268	266 范雎為相						
264	264：73 入秦						264 齊王建元年
260	260 白起敗趙於長平			259～257：78～80 入趙			

BC	秦	韓	魏	趙	楚	燕	齊
256					255：81 春申君任 荀卿爲蘭 陵令		255：81 入齊
252							
248					247：90 李斯入秦		
244							
240					238： 春申君卒		
236					236：荀子 生年101		
232							

參考廖名春：《荀子新探》（臺北市：文津出版社，1994年），頁21～40。

廖名春在頁27～32將荀子赴趙時間考證清楚。然而如廖名春安排荀子生平足跡，居齊時間稍短，唯恐無法三爲祭酒。

14. 佐藤將之（AD1965～）

BC	秦	韓	魏	趙	楚	燕	齊
320							319 宣王元年
316				316： 荀子生			
312							
308							
304							301：15 遊齊
300							300 湣王元年
296							
292							
288					286：31 入楚		286：31 離齊
284						284 燕齊大戰	283 襄王元年
280					278：39		
276							
272							
268	266 范雎爲相						
264	266～260 入秦			265～260 入趙			264 齊王建元年
260	260 白起敗趙 於長平						
256					255 春申君任 荀卿爲蘭 陵令		
252							

BC	秦	韓	魏	趙	楚	燕	齊
248					↓		
244							
240					238 春申君卒		
236					237〜235 荀子年約 80 歲		
232							

參考 Masayuki Sato, *Confucian State and Society of Li: A Study on Political Thought of Xun Zi*, Netherlands: University of Leyden, 2001, pp.28〜44. 考證詳審。

由司馬遷、劉向、汪中、胡元儀、胡適、游國恩、梁啓超、戴文達、錢穆、羅根澤、夏甄陶、廖名春、佐藤將之諸位上下近兩千年的接力，荀子年譜輪廓日見分明。

附錄二：戰國大事紀

西元前	周	秦	魏	韓	趙	楚	燕	齊
320	慎靚王元年	惠王更元五年	惠王後元十五年	宣惠王十三年	武靈王六年	楚懷王九年　元年張儀任秦相	燕王噲元年　齊人殺蘇秦，蘇秦、蘇代與子之結好，	齊威王三十七年
319	按：后稷、古公亶父、文王、武王、周公 成康之治皆爲周盛世。	按：秦襄王助周室避大戎之難。秦穆公得百里奚，應按日益壯大。	按：韓昭襲趙以、其後三家分晉。	按：趙肅侯卒，其後三家分晉。	按：趙肅侯卒，趙語未陳晉國公，趙公返國。趙貴子得讓之。		蘇代燕王重用子之。	齊宣王元年
318	王孫滿西少年英雄之。	中有秦修之戰。	襄王元年	韓昭侯用申不害而出，其後大旱，因造高城而敗。	塑侯好樂，再公仲馮逃，盧侯得大成干謙：「一日不績，百日不食。」	十一年，蘇秦連合山東六國爲縱楚王任百長。	按：人民爲蘇子公孫（甘菜）、莊之之時，蘇秦公相救。	二年，齊用鄒衍爲相，田公起稅甲小十，貸用田大十，
317	澧田余稍翻西成，後有秦孝公思酒容中原，故用商鞅變法。	惠王從諸子夏受經學，禮敬父不承，秦以商而攻韓。	惠王從子夏受經學，禮敬父不，魏遲盧而統御出。敗，				城上：齊相公邸大夫、於阿城大夫，蘇秦遂有心結圈。	蘇秦進公相結盟。
316	惠君立，段商鞅，任張儀爲秦相，後出任楚相。	惠君立，段商鞅，任張儀爲秦相，後出任楚相。	是以禮賢士上，一翁逕而，淳于髠、孟軻齊聚魏國。					
315	赧王元年	「覺不達千里面家」即語出此矣。	「覺不達千里面家」即語出此矣。	十九年，韓王朝雖輕所言，未攻楚，秦破疑韓。				
314	周旋於諸侯國合縱連橫之間。					十六年，任個議爲楚相。	燕王噲讓位之，燕大亂，齊攻燕殺之，立昭王。	
313				二十一年，緯秦韓齊攻楚，殺八萬楚軍。		十七年，下楚將未連秦六里，懷王捧軍攻楚。		
312		武王元年	襄王元年			十八年，張儀自赴楚，屈原讒殺之。	昭王元年　禮賢下士，招攬郭隗，樂毅遂國魏齊宋，	
311		韓、魏、齊、楚、越賓於秦。	秦韓交戰不願。				都行從齊韓，劃辛说魏韓。	
310					尊先王大臣肥義。			
307	八年，秦攻打韓宜陽，楚敗之，周出出兵，啓楚疑寶。	昭襄王元年	十三年，張儀禮任魏相。		十九年，武靈王說服群臣「胡服騎射」，商裝嫁人者入見秦王。			
306	蘇代西周向楚趙說。							
305	秦借兩周之間，振攻韓，史既動納繪於秦，並賠命於秦。					二十四年，齊湣王前求示好，附之。		
304	楚圍韓，韓向東周買兵、蘇代說服韓，樹高都行爲以家之。	襄王元年，張儀返秦。						
303		太子代張儀、犀首、薛公任魏相。				二十六年，秦昭王前家明隔、型之、齊、魏聯軍攻楚。		十八年，宣王好文學，樣下學風盛，聚集近千人。
302				十二年，公子咎與公子幾蘇爭立，因應時局，咎爲太子。		三十年，赴秦昭王約，死於秦，秦昭交愛。	游王元年	
300	一說荀子生於此年。						二年（按：《史記》載28年，緯陽復《戰國史．附錄》作訂，	
299		九年，孟嘗君任秦相。			惠文王元年	頃襄王元年	齊湣軍敗攻逃。	
298		十年，楚懷王朝奔至。					四年（史記25年，齊孟嘗君前至秦任相，因故逃亡。	
297		楚懷王亡趙，趙不受，返奉，終歸楚趙。						
296							六年（按：據《史記》，孟嘗君前歸，反國爲齊相。	
295		十三年，白起攻韓。	昭王元年	釐王元年			七年（按：《史記》載26年，齊魏則韓齊攻秦。	
294		十四年，白攻韓齊，殺二十四萬人。				六年，白起於伊闕大勝韓軍，殺二十四萬人。	八年（按：《史記》載34年，秦地秦予國三國聯軍。	
293		三年，助韓擊秦，白起於伊闕敗魏軍，殺二十四萬。	三年，韓派公孫喜率周，魏逃盧而統秦，秦大敗韓軍二十四萬。			項襄王憂，重輝燕好。	九年（按：《史記》載34年，燕予地秦讓救孟嘗。	
289		十九年，秦王稱西帝。					十二年，按：《史記》載30年，參見楊寬《戰國史》，頁724。	
288	一說荀子年五十。 一說荀子十五。				燕將樂殺掛相韓印退趙。		十三年，齊王稱東帝，蘇代勸韓王放棄帝號。	
287		十九年，秦王稱西帝。			十四年，秦、韓、魏、趙、燕攻擊齊國。		十四年，按：《史記》載32年，參見楊寬《戰國史》，頁726。	
286					十五年，齊亡，燕軍入齊破齊。		十五年，燕昭樂毅合五國破齊，將士遍封。	
285				十二年，韓王與秦昭王相會於西周，韓兵助秦攻齊，齊敗，	十六年，蘇秦爲齊國修書給趙王，趙王因而不攻齊，廉頗再攻齊再攻。	二十八年，以樂殺爲上將軍，約集韓、趙、魏攻齊。	十六年，冷盆西齊相趙桂下大，與爲分齊土地，齊改亡。	
284			安釐王元年	齊湣王逃。		齊湣王出奔，孫鈴顧、莒、即墨。		襄王元年　立王后。
283						十八年，項王聽小臣射羅之喻，重新合縱，並趙機國攻周室。		
281	三十四年，蘇圓動周君向白起趙說：「不如告病，勿向出征。」					二十一年，白起攻下郢都。	惠王元年　派騎劫代樂殺，樂殺亡之趙，田單復圍，	五年，田單復國。
278			安釐王元年			二十一年，白起攻下郢都。	騎劫敗敬死，齊收復失土。	
274	四十二年，馬犯勸速榮西周歸娶城。		四年，秦破魏趙聯軍，殺十五萬。	二十三年，隆篡向秦求授，破趙魏。	桓惠王元年	黃歇上書秦昭王，繇勿攻楚。		
273						二十七年，達太子赴秦，佐證作秦，後爲春申君。		
272					二十八年，蘭相如伐齊。		武成王元年	
271	周游說服秦王勿攻秦。				二十九年，趙奢攻秦。			
267			十一年，白楚攻魏，秦援不至，唐雎出使秦兵達至。	觸龍說趙太后，請長安君至齊爲人質，以便抗秦。				
266		四十三年，白起攻韓殺五萬。	魏王盼鄰秦攻韓，信陵君無忌好衡持勢，以爲不妥。	孝成王元年			王建元年	
265				十年，秦軍攻太行山。	二年，田單爲趙相。			
264				韓上黨郡守降趙。				
262		四十七年，秦攻韓上黨，上黨降趙，秦昭王起用白起懷趙。	秦殺韓趙民及其部下四十餘萬人。	四年，韓國上黨太守馮亭思對趙而欲降秦，平原君收納其。	考烈王元年　將吳封予左徒，稱春申君爲相。			
261		於長平大敗趙軍，殺四十餘萬趙軍。		平原君以爲趙而欲降秦。				六年，繼以將仁商嘗氣況，齊國仍未出兵
260				六年，廉頗爲趙駐軍趣駁長平，七月趙括陷趙。				坐現魏韓四十餘萬精銳部隊殲滅。
259		五十年，四皮白起。		戰敗，秦王坑土卒四十餘萬。	五年，楚遣春申君任救援國魏。（春申君列傳）	孝王元年		
257	五十八年，秦周交好，秦攻趙，趙、魏退。	五十一年，秦軍包圍趙都，信陵君無忌竊兵托救趙之命。	二十年，秦軍包圍趙都，信陵君無忌竊符托救趙之命，	九年，平原君至楚求授，魏信陵君無忌相助，解秦圍。	六年，秦圍趙都、楚派春申君解圍。（楚世家）	孝王元年		
256	周赧王卒。五十九年，周向諸侯合縱攻秦，西周君降。	五十二年，西周獻三十六城，人口三萬。	奪取救軍晉鄙軍隊前去救趙，無忌因此留趙。			八年，春申君威害，用荀卿爲蘭陵令。（春申君列傳）	王喜元年	
255	周亡。	周亡。						
251				十五年，封緯頗西居平千，爲秦軍未人之忿，廉頗破之，結怨世仇。	十二年，秦昭王死，派春申君前去弔祭。	四年，趙長平後縱攻趙，燕王以足偏桓粟，廉頗擊燕，趙入邀請桓齒出面調停。		十六年，君王后去世。
250		孝文王元年　大赦罪人，善用昭王功臣。						
249		莊襄王元年　大赦罪人，善用孝文王功臣。	二十六年，秦佔上黨。					十六年，君王后去世。
248	按：戰國時期王室已無德無勢，周旋於秦、韓、趙、楚、魏之間。	始皇帝元年　在位二十六年，併吞天下段爲三十六郡。	三十年，信陵君魏無忌返魏，道魏、趙、韓、楚、魏五國聯軍攻秦，秦將蒙騖亡之。	二十九年，秦佔韓十三座城邑。	以秦秉代廉頗，廉頗攻樂乘，樂乘走，後廉頗亡魏。			按：陳完之國，田之照顧百姓，威王蠶精圖由，宣王好儒學，但爲兩之戰世下不義，楚王在牟莉稱帝之後，便被湣帝所奔。湣王好大言，君臣好諛奉承，終爲國所亡。
246	韓蘇代、蘇國、馬犯、周最等人苟延殘喘，奔而連橫，怨面合縱，經西強喀渚世上滅。	始皇帝元年　在位二十六年，併吞天下段爲三十六郡。	五國聯軍攻秦，秦將蒙騖亡之。					
244		按：自秦孝公用商鞅變法之，武王、昭王啓也武勇，	按：秦孝公用商鞅變法，武王、昭王啓也武勇，	以秦秉代廉頗，廉頗攻樂乘，樂乘走，後廉頗亡魏。	悼襄王元年			然秦遂一國，與東齊只求白保不無國爭。
243		孝文莊襄在位不久，然皆西有德之君。	孝文莊襄在位不久，然皆西有德之君。		二年，李牧勁擊燕。			荀子見用禮儀教化、諄之西亡王奉之宮之。齊人責怪往往不能說定天下大小人之言已於秦鄰無補。
242			景湣王元年　秦拔趙二十城。		孝文莊襄在位不久，然皆西有德之君。		十二年，劇辛攻趙，遍損反擊，遍兵二萬。	齊國聲威乃是拜孟嘗君三千食客之助。
238			王安元年		二十五年，李園殺春申君。			
237					幽王元年			
235					王遷元年			
234			五年，派韓非使秦，韓非因出面被殺。		三年，李牧率兵趣秦兵於肥下。			
232					五年，代地震。			三十三年，太子丹入秦爲人質，逃送回燕國。
231					六年，饑荒，民怨不熟。			
230				韓亡　秦擄韓王安。攻韓。	七年，李牧因讒言被誅。			
228		王假元年	按：司馬遷以爲韓爾早早精進。是以總故滅盡忠。	代王嘉元年	主負芻元年			二十七年，胡制割秦王，秦王正首相擊秦。
226		魏亡　秦將引水灌大梁。				秦將王翦殺項燕。		按：召公爲世族顧仰，昭王禮賢下士，太子丹剛烈負气，皆使遷爲亂。燕王亡人之國而亡，湣以國亂，燕王嗓均廉國不義。
223		按：司馬遷以爲魏亡乃因魯桓雖強大，而非用信陵君。			按：趙有數世之盛，趙奢、蘭相如、樂毅、廉頗，李牧皆西賢將相之材。長平後然秦戰門力十分，可惜悼襄王以及趙一再禮聞讒佞中貞罰，向之以地讓、識死忠不長，司馬遷指趙亡靈毀政。聽信讒言，有以致此也。趙亡並非不全國奮國之故。平原君倒士誠相瓜。	楚亡		燕亡	
221		秦統一中原				楚亡　楚湣學見楚有德之君，拾攤於合縱連橫之間。荀子晚年居楚，主要因春申君之故。		齊亡　后勝建讓投降，秦陛王建至共邑。

按：本表參考《史記》、六國年表》及楊寬《戰國史》，以荀子生平相關之大事爲主總製而成。

附錄三：荀子原典重整

　　牟宗三在李滌生的《荀子集釋》序曰：

> 讀古典必先通章句，不可望文生義，隨意馳騁遐想。先通句意，然後再由句意浮現出恰當之觀念，以明義理之旨歸。通句意有法度，明義理亦有法度，皆不可亂。……吾講荀子，必先閱王先謙荀子集解。今而後，則必先閱滌生先生書。〔註1〕

牟宗三以為讀古典章句與義理不可偏廢，而以章句為先，並推崇李滌生的《荀子集釋》沉潛有年。李滌生在《荀子集釋·凡例》提及：

> 篇次仍依楊倞舊規。篇目下皆附以題解。……每篇分段亦仍楊倞，偶有更易，必於注釋中說明理由及根據。……每節之末一注釋，多附語以明節旨；每段之末一注釋，附語說明本段共若干節，其主旨為何。

楊倞的篇次至於今仍然可用，李滌生釋荀篇有題解，節有節旨，每一段有段落大意，本文參考之處甚多，不敢掠美，謹以誌之。美國漢學家德效騫（Homer Hasenpflug Dubs，1892～1969）曾對於荀子的寫作論道：

> 到了荀子零散的語錄體已經改變，透過繁複的句子組成一整篇文章，或者透過特定主題的小散文，我們在他的文章中發現議題開始有聯貫性的發展。每個小標題又順序發展，我們發現荀子能掌握駕馭文章的各個要點。或許不像孟子有生動的說明及精采的鋪陳，但是文章有中肯的議論、精確的推論以及分析的能力，展現了一流的心智。〔註2〕

〔註1〕　李滌生：《荀子集釋》（臺北市：學生書局，2000年），頁ii。
〔註2〕　參見 Homer H. Dubs, Hsuntze: The Moulder of Ancient Confucianism, p.40.

以上三位前輩對於筆者製作〈荀子原典重整〉多有啓發。筆者在第二章第二節曾經討論荀子的理性書寫，這位戰國儒者有正名思維，也有著述的自覺，其正名思維反映在文字寫作上的特色是用字精確，論證豐富，主題名篇，完整的系統脈絡。是以對於荀子的文本，筆者思考秉持以上理路爲原則，對於全書段落重新作一番整理，以期更能彰顯各篇題旨，作爲敘述與詮釋的基礎。

〈勸學〉第一：主題名篇。〈勸學篇〉一篇理路頗爲清暢，只需稍微重新調整即可通讀。第一段爲全篇總綱。第八、九、十、十一段接第二、三、四、五、六段，談爲學的方法。第八段主要談爲學需內化，段末「故不問而告謂之傲，問一而告二謂之囋。傲、非也，囋、非也；君子如嚮矣。」移至第十一段談問學之道。

〈修身〉第二：主題名篇。題目與《墨子》相同，有理路，各段有主旨，但各段之間聯繫不甚緊密。「夫驥一日而千里」段復歸於〈勸學篇〉之下，理路更有銜貫性。

〈不苟〉第三：篇首名篇。理路類筆記。「君子養心莫善於誠」一段思想與荀子原典其他談心性重要篇章前後文不甚相契。

〈榮辱〉第四：主題名篇。本篇半有理路，半無理路。「材性知能，君子小人一也。」一段依義理可復歸於〈性惡篇〉。「注錯習俗之積」一段依義理可復歸於〈勸學篇〉。「夫貴爲天子，富有天下是人情之所同欲也」論禮義一段可置於〈禮論篇〉較爲合宜。

〈非相〉第五：首段主題名篇。內容分爲三大類：論相、論人與論辯，後半論辯的部分可歸於〈正名篇〉條理較爲合宜。

〈非十二子〉第六：主題名篇。本文分前後兩大主軸：一、非十二子，二、如何兼服天下，理路尙稱嚴密。

〈仲尼〉第七：篇首名篇。理路類筆記。

〈儒效〉第八：主題名篇。弟子所作。原稿或爲訪秦之後有感而發，談先王之道與周孔儒效，「故人無師無法而知」一段依義理可復歸於〈性惡篇〉、「故積土而爲山」一段依義理可置於〈勸學篇〉下。

〈王制〉第九：主題名篇。內容豐富類筆記，有理路，惜不甚嚴密。

〈富國〉第十：主題名篇。正反立論，應是爲駁墨子而起。末二段「凡攻人者，非以爲名，則案以爲利也，不然則忿之也」、「持國之難易」與全篇主旨不相符，若置入〈王霸篇〉或〈彊國篇〉，更爲合宜。

〈王霸〉第十一：主題名篇。段落旨意不甚清暢，但以王道禮義的主旨前後貫串。

〈君道〉第十二：主題名篇。有理路，談爲君之自修爲治道之源、君需愛民與任用賢相。

〈臣道〉第十三：主題名篇。有理路，論人臣等第，爲國君說法，也爲人臣說法。

〈致士〉第十四：主題名篇。寫作似筆記。

〈議兵〉第十五：主題名篇。雖弟子所作仍有理路。

〈彊國〉第十六：主題名篇。雖弟子所作仍有理路，「子發將西伐蔡」一段文意與前後文不侔，暫時闕疑。

〈天論〉第十七：主題名篇。雖爲荀子議論之重要篇章，有理路，順序可再調整，「雩而雨，何也？」「在天者莫明於日月」，「百王之無變足以爲道貫」文字類〈禮論篇〉，「萬物爲道一偏」一段列入〈非十二子篇〉爲宜。

〈正論〉第十八：主題名篇。有理路，批評世俗與諸子之論。

〈禮論〉第十九：主題名篇。理路不嚴密，梁啓超以爲細繹全文，似是雜湊而成。〔註3〕然時有重要概念，仍然值得詳閱。「性者，本始材朴也。」一段宜納入〈性惡篇〉。

〈樂論〉第二十：主題名篇。理路謹嚴。

〈解蔽〉第二十一：主題名篇。在荀子原典之中，理路最爲綿密。

〈正名〉第二十二：主題名篇。原以正名爲軸線，至第四大段談「道、心、欲」與前後文不侔，按文義可復歸〈解蔽篇〉。

〈性惡〉第二十三：主題名篇。有理路，但可依文意再整理如下：第三大段「凡古今天下之所謂善者，正理平治也；所謂惡者，偏險悖亂也：是善惡之分也。」其中「故爲之立君上之勢以臨之」及「重刑罰以禁之」與前後文主旨不甚相侔，暫且闕疑。第三大段「枸木必將待櫽栝蒸矯然後直」文意與第一大段第二小段重出。第四大段「夫陶人埏埴而生瓦，然則瓦埴豈陶人之性也哉？」與第二大段第一小段「人之性惡則禮義惡生」重出。第五大段第四小段「有聖人之知者，有士君子之知者，有小人之知者，有役夫之知者」，第五小段「有上

〔註3〕 梁啓超：《要籍解題及其讀法》（臺北市：中華書局，1976 年），頁 46。

勇者，有中勇者，有下勇者」與前後文意不聯貫，或爲錯簡。第一
大段的三小段完整論述「人之性惡，其善者僞也」，第四小段移至
第三大段談「性善之歸謬論證」較爲合宜。

〈君子〉第二十四：篇首名篇。君子當爲天子之傳寫訛誤。篇幅稍短，文采
　　不彰，可納入〈君道篇〉。

〈成相〉第二十五：形式名篇。轉換議論形式，爲宣傳文字。

〈賦篇〉第二十六：形式名篇。轉換議論形式，爲遊戲文字。

〈大略〉第二十七：形式名篇。類筆記。

〈宥坐〉第二十八：篇首名篇。雜記孔子言行。

〈子道〉第二十九：以前半主題名篇，前半談子道，後半雜記孔子之事。

〈法行〉第三十：篇首名篇。雜記孔子與弟子言行。

〈哀公〉第三十一：篇首名篇。雜記孔子與弟子言行。

〈堯問〉第三十二：篇首名篇。多引記傳雜事。

附錄四：戰國地圖

錄自錢穆：《國史大綱》，臺北市：國立編譯館，1983 年。

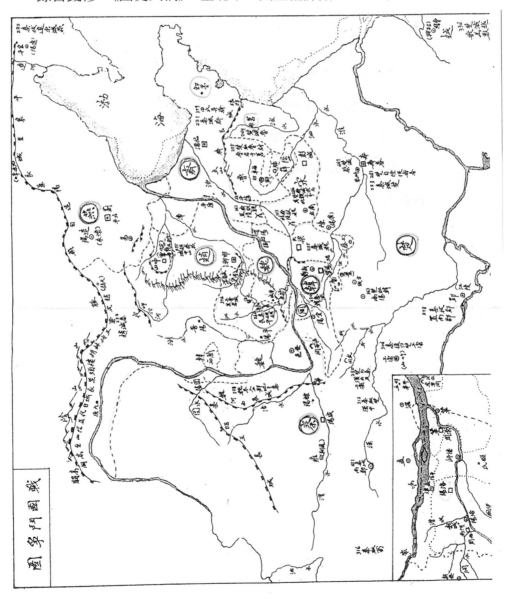

附錄五：荀子思想架構

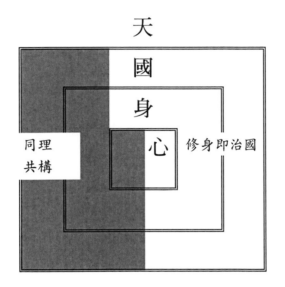

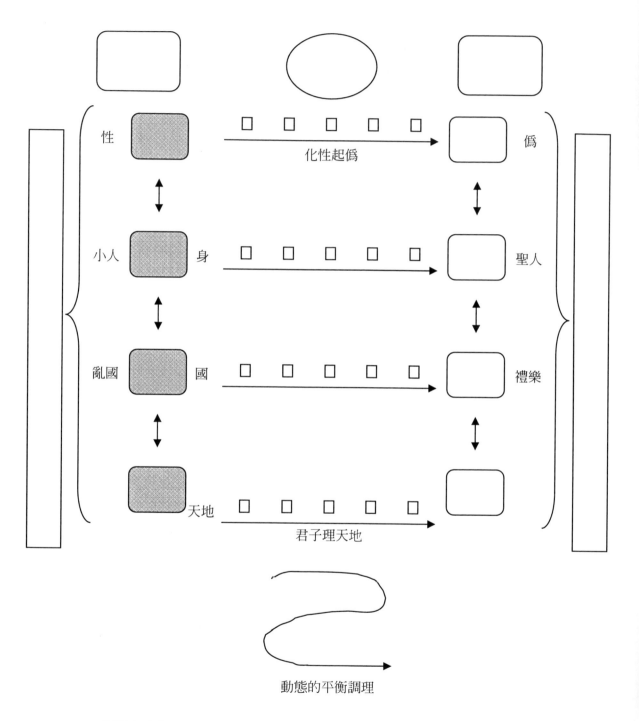

此圖上半部為荀子思想架構之俯視，下半部為荀子思想架構之平視。

　　茲從下半部圖示開始解釋。

　　第一層左邊的灰色圖示代表五官天生的性情欲，心為五官之主，透過解蔽虛靜的工夫修養可得大清明，然而心之大清明尚非究竟，必須進之以人為工夫，才能漸趨白色，七個空格各代表性、情、欲、心、慮、知、能、偽。

　　第二層在修身的層次，未修身前是小人為灰色，有了人為工夫成聖人，漸趨白色。

　　第三層未治國前為灰色，有了人為工夫，成就禮樂文明，漸趨白色。

　　第四層君子理天地，天地未理之前是灰色，具備人為工夫的君子聖人，順應天地以化理，漸趨白色。

　　各層之間由內而外環環相扣，沒有具備化性起為內聖人為工夫的君子聖人，便無法成就外王事業調理天地，所以荀子主修身即治國。

　　曾春海探討荀子思想時，曾將天人的關係與性偽合併討論，以為兩者的內在義理有其一貫性。

　　　由荀子的性偽之對比，相應於天人對比的關係，「性」純屬無意識的天然狀態，依內在的自然法則而活動，則「天」亦係無意識特徵的自然體，依客觀的自然律而運行、生物，甚至於一般人因無知而心生畏懼的「夫星之墜，木之鳴，是天地之變。陰陽之化，物之罕至者也。怪之可也，而畏之非也。〔註1〕

　　　所謂天人相參，係有鑑於天、地、人是宇宙整體結構中有機的三個部分，雖各有性質和作用，然而在功能互濟下，三者是互動互補的，人與自然（天地，且可以天統地，統稱為天），在天人分職分工而以人發揮主動的參贊化育工夫中，互動互補而交融互通成一廣大和諧的有機系統。〔註2〕

曾春海所言其中的結構、功能與有機之說頗能切中荀子學說特色，此圖或可為一註釋。

　　各層之「漸趨」是一段工夫歷程，工夫歷程非一蹴可幾，是一段動態的變化過程，故以圖示 S 型表示，以概念而言是化性起偽，具體而言便是勸學。

〔註1〕　曾春海：《中國哲學史綱》（臺北市：五南出版社，2012 年），頁 69。
〔註2〕　曾春海：《中國哲學史綱》（臺北市：五南出版社，2012 年），頁 70。